누구나 한때는 있었는데

누구나 한때는 있었는데

최미숙 수필집

수필과비평사

■ 작가의 말

드디어 책이 나왔다. 어쩌다 보니 여기까지 오게 됐다. 처음에는 좋은 글을 보는 눈이라도 길러 아이들 글쓰기를 지도해 볼 요량으로 시작했다. 이 나이 되도록 어디서도 지도받은 적이 없어 어디가 잘못되었는지, 문장 구조는 맞는지 도무지 알 수 없었다. 명색이 교사인데 부끄러웠다. 다행히 문학회 활동하는 후배 권유로 목포대 평생교육원 '일상의 글쓰기' 반에 등록했다. 남의 글을 읽을 때는 쉽게 쓴 거라 여겼는데 생각보다 많은 시간과 힘이 들었다. 고작 한두 문장 완성하는데 몇 시간씩 컴퓨터와 씨름하며 쓰고 지우고를 반복했다. 매번 머리 쥐어짜는 게 괴로워 한 학기만 하고 그만두려 했다.

2020년 2학기에 시작해 벌써 5학기째다. 글은 특별한 사람만이 쓴다고 생각했는데 나 같은 사람이 책까지 낸 걸 보면 누구나 마음만 먹으면 할 수 있는 일이다. 글을 쓰며 스스로를 성찰하는 시간도 갖게 되었고, 까마득히 잊은 옛 추억을 찾기도 했다. 그리고 미워했던 사람을 용서하게 됐으며, 분노했던 일이 아무렇지 않게 느껴지는 경험도 했다. 글쓰기의 힘이다. 지금도 머릿속은 온통 어떤 이야기를 쓸까, 첫 문장을 어떻게 시작할까를 고민하며 지낸다. 살아가는 하루하루가 소중한 글 소재다.

조그만 마음으로 시작한 글쓰기가 점점 커졌다. 하다 보니 욕심이 생겼다. 열심히 쓴 덕에 그동안 모은 원고로 책을 내게 되었고, '한국문학예술' 신인상 응모에 당선되어 등단까지 하는 영광을 안았다. 심리학 용어에 '임 포스터'라는 말이 있다. 가면을 쓴 사람이란 뜻이다. 뛰어나지도 않으면서 완벽한 모습만 보이려고 가면 뒤에 숨어 부족한 능력을 들킬까 봐 떨고 있다는 것이다. 그동안 이런 자신을 드러내지 않으려 애썼다. 하지만 같이 공부하는 글쓰기 반 동무들 글을 읽으며 사람 사는 게 별반 다를 게 없고 거기서 거기다는 것을 깨달았다. 가면을 다 벗었다. 용기를 얻었고 내 글을 부끄럽게 생각하지 않기로 했다.

이 책에서 한 이야기는 대부분 내가 직접 경험한 일이다. 글은 자신의 범위를 벗어나지 못한다. 1부에서는 학교 근무하면서 느꼈던 소회를, 2부는 가족 이야기, 3부는 어릴 적 추억과 살면서 흔히 부딪히는 일, 4부에서는 텃밭 농사의 어려움, 자연이 주는 기쁨과 여행하며 느꼈던 생각을 적었다.

세월 참 빠르다. 스물둘 꽃다운 나이에 교직에 첫발을 딛고 휴직 없이 40년 넘게 아이들과 함께 생활했다. 예순이 다 된 나이에 글쓰기를 시작해 아쉽기는 하지만 늦었다고 생각하지 않으련다. 앞으로도 내가 겪고, 보고, 느낀 것, 우리네 일상을 미약한 글로나마 하나하나 풀어내려 한다.

글 쓰자 끌어 준 후배와 격려를 아끼지 않았던 교수님, 댓글로 용기 준 글 동무들에게 고맙다. 아울러 글 쓴다고 컴퓨터를 차지하고 좋아하는 만화 보는 시간을 빼앗아도 지켜봐 준 남편과 엄마를 격려하고자 작가님이라 불러준 딸과 아들 둘에게도 고맙다는 말을 전한다.

2022년 9월
최미숙

■ 차례

작가의 말

1부 담장허물기

새로운 시작·13
책과 함께 자라는 아이들·17
날아라 훨훨·23
한글 공부·27
몰라서 미안해·31
담장 허물기·35
교실 풍경·40
어른이 되는 길·43
사라져 가는 것·47
어려운 관계·52
깜지를 아시나요·56
떨리는 마음으로·61
놀부 심보·65
내 팔자에·69

2부 오케이 목장의 결투

누구나 한때는 있었는데 · 77
마지막 선물 · 81
언니 잘 가 · 85
엄마의 기도 · 90
작별 · 95
아버지와 휠체어 · 100
오케이 목장의 결투 · 107
소박한 당부 · 110
독박 육아 · 113
내리 사랑 · 116
딸에게 · 120
기특한 막내 · 124
자기 말이 법이냐고 · 129
1가구 2주택 · 133

3부 나 어릴 적에

비우기·139
친구가 없어요·143
성은 '화'요 이름은 '이자'·147
나 어릴 적에·151
엄마가 처음이야·156
술에 취하다·161
환갑을 맞다·166
고마운 형님·170
연례행사·174
가는 날이 장날·179
남은 자의 변명·184
부자되는 법·189
역사의 한순간·194

4부 당연한 것은 없다

구체적으로 쓰자 · 201
과제 · 205
국제 갈비 · 208
당연한 것은 없다 · 211
산이 주는 행복 · 215
세상과 만나다 · 220
시작이 이게 뭐야 · 229
인생 여행 · 233
결혼식 덕담 · 240
수확 · 244
나무도 생명이다 · 248
반려견 전성시대 · 252
전시회 관람 · 256
오래된 우정 · 261
역지사지(易地思之) · 265

1부
담장 허물기

새로운 시작
책과 함께 자라는 아이들
날아라 훨훨
한글 공부
몰라서 미안해
담장 허물기
교실 풍경
어른이 되는 길
사라져 가는 것
어려운 관계
깜지를 아시나요
떨리는 마음으로
놀부 심보
내 팔자에

새로운 시작

시작이 있으면 끝도 있게 마련이다. 학교는 일 년에 한두 번씩 인사이동으로 만나고 헤어지고를 반복한다. 올 8월과 내년 2월 내 또래가 정년을 맞는다. 드디어 우리 세대가 정년퇴임의 반열에 들어선 것이다. 세월이 그냥 가는 줄만 알았는데 무언가를 조금씩 바꿔 놓았다.

8월 마지막 주, 인근 학교 교장으로 있는 동창 정년 퇴임식에 가게 됐다. 우리 학교 교장과 셋이 같은 해 졸업해서 가끔 만나 밥도 먹곤 했는데 나이가 한 살 많아 1년 먼저 현직을 떠난다. 축하 꽃바구니 전하러 교장과 함께 가기로 했다. 아침부터 비가 조금씩 내린다.

학생 수가 적어선지 학교는 조용하다 못해 적막하다. 비에 젖은 텅 빈 운동장이 쓸쓸해 보인다. 깨끼 한복으로 곱게 차려입은 동창이 환한 얼굴로 우리를 맞았다. 교장실에서 차 한잔하며 옛이야기도 하고 꽃바구니 앞에서 기념사진도 찍었다. 나오려는데 식까지 참석하고 가라며 붙잡는다. 자꾸 거절할 수 없어 나가다 말고 다시 들어갔다. 이럴 줄 알았으면 정장이라도 입고 올걸.

세월 참 빠르다. 20대 앳된 숙녀가 어느덧 60대가 되어 직장을 떠난다니 실감이 나지 않는다. 지나온 40년 세월이 어딘가에 그대로 저장되어 있을 것만 같다. 강당으로 갔다.

학생들과 교직원이 차분하게 의자에 앉아 교장 선생님을 기다리고 있었다. '아름다운 새 출발을 진심으로 응원합니다.'란 문구가 적힌 플래카드가 걸렸다. 내빈석에 앉았다. 남자 선생님의 사회로 식이 시작됐다. 소개가 있었다. 얼떨결에 일어서서 인사했다. 교감이 약력을 소개한다. 첫 발령지를 시작으로 거쳤던 학교, 그동안 쏟은 열정이 담겼다. 교장 선생님 말씀에 이어 퇴임 기념 영상을 보여 줬다. 각 학년 선생님과 직원들이 남긴 인사말과 학생 개개인의 축하 메시지가 가득하다. 행사 때 아이들과 함께 찍은 사진을 음악까지 곁들여 꽤 긴 시간 상영했다. 조금은 지루했지만 교직원과 학생들 진심이 느껴져 마음 뭉클했다. 준비하느라 고생한 직원들이 고마웠다. 동창은 감격했는지 눈물을 훔친다. 학생 대표의 편지 낭독과 교장 선생님 감사 인사로 식이 끝났다. 친구는 학생들에게 크리스마스 날 산타가 되어 학교를 다시 한번 방문하겠다고 약속한다. 박수와

환호가 터졌다. 기념 촬영을 한다기에 우리는 자리를 떴다. 잔치를 뒤로하고 학교를 나오는데 비는 계속 내린다.

오면서 교장과 1, 2년 후에 있을 우리 정년을 이야기했다. 예전에야 대부분 성대하게 퇴임식을 했지만 요즈음은 다들 생략하는 분위기다. 젊었을 때는 몰랐는데 40년 넘는 세월 별 탈 없이 공직을 마친다는 것은 대단하고 자랑스러운 일이다. 하지만 퇴임이 내게는 매우 중요한 일이지만 다른 사람에게는 무슨 의미가 있을까 생각했다. 과거 선배의 퇴임식에 참석했을 때 어떤 마음이었는지도 돌아봤다. 지금 같아선 자리를 따로 만드는 건 원하지 않는다. 평소처럼 조용히 퇴근하고 싶다. 진심이 담긴 "안녕히 계세요."와 "잘 가세요."면 족하다.

저녁밥을 먹고 텔레비전을 보는데 동창에게서 사진 여러 장과 축하해 줘서 고마웠다는 문자가 왔다. 환하게 웃는 세 사람의 얼굴에서 세월이 보였다. 건강하게 잘 지내고 자주 연락하자는 답장을 보냈다. 친구는 퇴직 후 목공 일과 수영을 배우려고 미리 등록했고, 골프 연습도 많이 했는지 필드에 나갈 만큼 실력이 돼 심심하지는 않을 거란다. 완전한 자유인이다. 내일부터 느긋한 아침 시간을 맞이하는 기분은 어떨까?

일 년 후면 퇴직이다. 주변에선 벌써 뭐 하며 지낼 거냐 묻는다. 누군가가

'한 개의 문이 닫히면 다른 문이 열린다.'고 했다. 어떤 문이 열릴지 궁금하지만 남은 기간은 학생들에게 최선을 다할 생각이다. 어쨌든 퇴직하면 시간에 쫓기지 않고, 아무런 제약도 받지 않아 후련할 것 같다. 무언가를 해야겠다는 생각은 하지만 아직 계획은 없다. 천천히 찾아볼 참이다. 그래도 할 일 하나는 정해 두었다. 글쓰기다. 여전히 어렵지만 쓰다 보니 보이지 않는 변화가 생긴 것은 확실하다.

아침저녁으로 선선한 바람이 가을을 알린다. 발악하던 매미 소리와 더위가 언제 수그러질까 했는데 시간이 해결해 준다. 내게는 오지 않을 것 같던 퇴직도 눈앞이다. 자연의 이치다. 지금껏 그래 왔듯 세월에 몸을 맡기면 종착지에 데려다줄 것이다.

친구를 비롯해 8월 말 퇴임하신 글동무 최 교장님, 김 원장님께도 그동안 노고에 박수를 보낸다. 그리고 새로운 시작을 응원한다.

책과 함께 자라는 아이들

웬일인지 학교가 조용하다. 아침부터 복도를 운동장 삼아 뛰던 6학년 아이들이 보이지 않는다. 복도에서 뛰지 못하게 했더니 교실에서 지지고 볶는 모양이다. 아침부터 차분하게 앉아 책이라도 읽으면 좋으련만 넘치는 에너지를 발산할 곳이 없나 보다. 올 6학년은 다른 해에 비해 학력도 떨어지고 수업 태도가 좋지 않은 학생이 많다. 벌써 공부를 포기한 학생도 있다. 왜 그런지 물었더니 운동선수 한단다. 옛날에야 공부와 담쌓고 죽어라 운동만 해도 됐지만 지금은 기본적인 공부는 해야 한다고 말해도 소용없다. 밤새 게임하느라 학교 오자마자 엎드려 자고, 수업 시간 책도 없이 하루 종일 멍하니 앉아 시간을 보내는 아이도 보인다. 초등학교 교실이라고 믿기 어렵다.

매주 수요일은 토론부 학생 여덟 명과 수석실에서 독서 수업을 한다. 담임을 맡지 않아 가능하다. 토론 개요서와 입론서 쓰기, 찬반 토론, 글쓰기까지 계획을 세웠는데 학원 때문에 모이기가 힘들다. 생각다 못해 수요일 오후는 시간이 되는 학생이라도 오고 월, 수요일 아침 시간에 글을 쓰기로 했다. 2년 전 6학년 아이들과 같이 만든 시집을 보여 줬더니 눈이 반짝인다. 원고가 모이면 책을 만들기로 했다.

아침 여덟 시 20분, 토론부 아이들이 하나둘 모인다. 전날 갔던 체험 학습을 주제로 글을 쓰라고 했다. 복도에서는 친구들 떠드는 소리가 들리는 데도 집중한다. 수업 시간이 되어 다음 시간에 같이 읽고 수정하기로 했다.

군 내 독서 토론 연구회 회장을 맡은 지는 올해로 7년째다. 처음에는 책이 좋아 회원으로 참여했다. 좋은 책을 선정해 선생님들과 같이 읽고 이야기 나누고 싶었다. 나아가 아이들 생각도 알고 싶었다. 하지만 돌아가면서 수업을 공개하는 것이 부담스러워 꺼리는 선생님이 생겼다. 생각다 못해 새로 들어온 신입 회원은 한 해 동안은 참관만 하고 기존 회원이 둘씩 짝지어 수업하기로 했다.

해마다 학기 초 각 학교로 공문을 보내 교사와 학생 회원을 모집하고, 한 달에 한 번 토론 수업을 한다. 방학과 학기 초 적응 기간을 빼면 보통 일 년에 5~6회로 대상은 교사 회원 학교 5~6학년 토론에 관심 있는 학생이다. 보통 한 반(20~25명) 정도 모집한다. 올해 교사 회원은 신입 세 명 포함 모두 열둘이다. 다들 독서와 토론 교육에 관심이 많고 적극적이다. 매달 셋째 주 목요일 선생님들이 미리 모여 선정한 책으로 수업을 논의하고, 그다음 주 목요일엔 아이들과 만나 토론 수업을 한다. 학생들도 책은 미리 읽고 온다.

독서 토론 수업 사전협의 날이다. 출장 때문에 참석하지 못했다. 이번 달은 결석한 회원이 많다. 참석자들만 협의하기로 했다. 지난달은 『무릎 딱지』, 이번 책은 우리 고전 『옹고집 전』이다. 권선징악이 뚜렷해 토론 주제 잡기가 쉽지 않았을 텐데 어떻게 수업할지 기대된다.

토론부 아이들에게 사전에 사실 질문과 상상 질문을 만들게 했다. 내용을 제대로 알아야 질문도 만들 수 있어 자주 사용하는 방법이다. '가짜 옹 좌수와 자식까지 낳고 살았던 부인이 진짜가 누구인지 알았을 때 어떤 기분이었을까?', '여러분이 옹 좌수인데 사람들이 진짜인 자신을 몰라본다면 어떻게 증명할 수 있을까요?', '학 대사가 옹고집에게 기회를 준 것은 정당한가요?'등 나름 토론 주제로 쓸만한 것도 있었다.

수업 날이다. 두 명은 농구대회 참가로 빠지고 나머지 학생 여섯 명을 셋씩 나눠 태우고 수업 장소로 갔다. 날이 더웠다. 선생님 둘은 미리 와 수업을 준비하고 있었다. 다른 학교 학생도 하나둘 들어온다. 지난달 자기소개를 했는데도 아직 서먹한지 친한 학생끼리 앉는다. 교실이 꽉 찼다. 15시 30분 드디어 수업 시작이다.

오늘 토론 수업은 교육 연극 기법 중 정지 장면으로 나타내기다. 사전 과제로 각자가 포스트잇에 써 온 인상 깊은 장면 중 모둠에서 한 장면을 골라 표현하는 활동이다. 배역을 정하고 간단한 대사를 만들어 연습하느라 시끌시끌하다. 4명이 동작하면 나머지 학생은 "멈춰!"라고 말하고 어떤 장면인지 맞춘다. 1모둠부터 시작했다. 여기저기서 웃고 난리다. 몇몇은 부끄럽고 쑥스러운지 목소리가 기어 들어간다. 그래도 맡은 배역을 실감나게 연기한 친구도 있다. 아이들은 실제로 해 보니 주인공 마음을 공감할 수 있었고, 책 내용을 더 깊이 이해하게 되었다고 말한다. 친구들 연기가 진짜처럼 실감났고, 자기도 더 잘할 수 있었는데 아쉽다고도 했다.

수업이 끝나고 적극적으로 참여한 학생 네 명에게 상품으로 문화상품권을 줬다. 1학기 수업은 오늘로 마감했다. 작년 7월, 학기 말인데 사전 협의와 공개 수업한다고 두 번이나 모이려니 바쁘고, 참석 못 하는 선생님이 많았다. 9월 수업 때 다시 만나기로 했다. 간식을 나눠주고 학생들은 밖에서 잠깐 기다리게 한 후 수업 마무리 협의를 했다.

학생들 실어 나르고, 자기 반도 아닌 아이들과 함께하느라 애썼다고 격려했다. 선생님들은 학생들이 발표도 잘하고 적극적이어서 신난다고 했다. 아이들도 다른 학교 친구와 함께하는 수업이 '우물 안 개구리'에서 벗어나는 좋은 경험이었을 것이다.

돌아오는 길에 상우가 책을 많이 읽으면 공부를 잘할 수 있는지 묻는다. 건성으로 읽으면 안되고 깊이 있게 읽어 내용을 내 것으로 만들어야 한다고 했다. 여러 권을 읽는 것보다 한 권을 여러 번 읽는 것이 더 나으니 선생님을 믿고 그렇게 해 보라고 했다. 그러는 동안 우리 뇌는 단어와 문장과 생각을 흡수하고, 두 번 세 번 읽다 보면 처음에는 보지 못한 것이 보이기도 한다고 말했다. 반복하는 독서가 얼마나 좋은지 공부 시간 여러 번 했던 말이다. 다른 아이들도 귀담아듣는 눈치다.

요즘 문해력이 교육계의 화두다. 단지 글을 읽고 이해하는 능력만이 아니라 그 이상의 의미를 알아야 한다. 아이들이 유튜브나 인터넷에서 읽는 것을 종합하면 안 읽는 게 아니라 더 오래 많이 읽는다. 단지 종이책을 앞뒤 연관 시어 끈기 있게 읽지 못하고 내용을 모르는 게 문제다.

올해는 후배에게 '독서 토론 연구회'를 넘기려고 했다. 하지만 그러지 못했다. 군 단위 지역 대부분이 소규모 학교라 반 학생만으론 토론하기가 쉽지 않다. 11월 마지막 소감 발표에서 토론 수업을 어렵게 생각했는데 생각보다 재미있고, 학교에서는 해 보지 못한 것을 경험해서 좋았다는 아이들이 많았다.

2학기에 세 번(9~11월)의 수업이 남았다. 《폭풍우 치는 밤에》, 《엄마는 파업 중》, 《꽃들에게 희망을》 책으로 할 것이다. 아이들은 이 책으로 어떤 이야기를 할까 기대된다. 학교 앞에서 아이들을 내려 줬다. 과자 봉지를 든 학생이 인사한다. 지쳐 보인다. 학원 끝나는 시간인가 보다.

날아라 훨훨

새해라고 한 해의 소망을 빌던 때가 엊그제 같았는데 달랑 한 장 남은 달력이 그나마 2020년을 버틴다. 올해는 코로나19로 다들 힘들었고 학교도 예외는 아니었다. 처음 하는 온라인 수업으로 혼란스러웠다. 시간이 지나면 좋아지겠지 하는 막연한 생각으로 기다리다 어느새 일 년이 다 간다.

3월 새 학기가 시작되면 당연히 학생과 만날 것이라 생각했는데 코로나19로 6월이 되어서야 등교했다. 석 달이나 수업을 하지 않으니 하루하루가 불안하고 월급 받는 것도 미안했다. 학교는 아이들이 있어야 했다. 코로나 상황이 12월까지 계속돼 띄엄띄엄 학교에 나오는 아이들 마음가짐이 어떨지 안타깝기만 하다. 하루빨리 모든 게 정상적으로 돌아가 학교가 활기를 찾았으면 좋겠다.

2020년 가장 뿌듯한 일은 글을 전혀 모르는 1학년 학생을 지도해 지금은 책을 읽고 자신이 한 일을 문장으로 쓸 수 있게 한 것이다. 한글을 지도 해야겠다는 마음은 있었지만 5, 6학년 학생 일곱 명에게 글쓰기 지도를 하느라 시간 내기가 힘들었다. 학기가 시작된 지 두 달이나 지난 5월 17일에 아이와 만났다.

종수(가명)는 한국 아빠와 베트남 엄마를 둔 다문화가정 아이이다. 딸기 하우스를 하는 아빠는 엄마와 이혼하고 다시 베트남 여자와 재혼해 종수 아래로 두 명의 동생을 낳아 아이만 다섯이다. 종수는 새엄마를 이모라 불렀고 집에서 글을 가르칠 만한 환경이 아니었다. 처음에 겨우 본인 이름만 순서 없이 썼고 학교 이름도 말하지 못했다. 그나마 발음이 어눌하지 않아 다행이었다. 월요일을 제외하고 나머지 4일간 매일 아침 만나 공부하기로 했다. 한글을 효과적으로 지도하려면 나도 공부를 더 해야 했다. 틈틈이 읽었던 책을 다시 꺼내 보고 필요한 자료나 이해가 안 되는 곳은 먼저 시작한 동료에게 물었다.

종수와 약속 때문에 출근 시간이 빨라졌다. 전날 배운 것을 쉽게 잊어버리기는 했지만 몸으로 익히면서 입 모양을 반복해 보여주니 조금씩 기억했다. 개학하고 수업이 시작되자 친구들보다 많이 뒤처진 것을 깨닫는 것 같았다. 가끔 자신은 바보고 왜 이렇게 못하는지 모르겠다고 말했다. 지금처럼 열심히 하면 다른 아이만큼 잘할 수 있으니 그런 생각 하지 말라고 다독였다. 받침 없는 자모음이 들어간 낱말을 더듬더듬 읽을 수 있게 되자 여름방학이 되었다. 그동안 했던 것을 까먹을까 봐 걱정은 됐지만 2학기에 다시 공부하기로 하고 헤어졌다.

개학하고 1주일이 지난 후 다시 한글 공부를 시작했다. 배웠던 것을 읽혀 보니 그래도 잊지는 않았다. 1학기 때 배운 것을 복습하고 받침(7종성)을 시작했다. 글자를 조금씩 읽게 되니 스스로 자신감이 생긴 모양이다. 한 번은 아이에게 글을 읽지 못했을 때 어떤 마음이었는지 물었다. 아이는 공부 시간이 되면 가슴이 답답했고 그럴 때마다 손으로 자신의 머리를 많이 때렸다면서 수석 선생님을 존경해야겠다고 말한다. 여덟 살짜리 아이의 말이지만 그동안 들인 시간과 노력이 헛되지 않았다는 생각이 들었다. 그런 아이가 안쓰럽고 짠했다. 지금도 교실에는 알게 모르게 스스로를 학대하는 아이들이 있을 것이다.

받침 있는 낱말을 읽게 되자 받아쓰기를 병행했다. 전날 배웠던 것, 좋아하는 음식, 학교와 관련된 낱말 열 개를 부르고 쓰게 했다. 배웠던 것을 기억해 내는 길 무척 힘들이해 자모음 을 하나씩 불렀는데 차츰 시간이 짧아지면서 괴발개발하던 글씨도 제법 모양을 갖춰 갔다. 아침마다 공부하는 게 힘들지 않냐고 물으면 그렇지 않다고 대답한다. 조금씩 아는 글자가 보이면서 글을 읽게 된 자신이 대견한가 보다.

11월 중순부터는 낱말 받아쓰기에서 한 단계 높여 전날 있었던 일을 묻고 그것을 문장으로 써 보고 소리 내어 읽게 했다. 일학년이면 누구나 하는 수세기도 안돼 구체물로 하나하나 세었다. 날마다 책상 위에 늘어놓고 반복하며 가르기와 모으기도 같이 했다. 일곱에서 아홉으로 건너뛰고 열이 넘으면 마음대로 세더니 못하던 셈까지 한다. 뿌듯했다.

우리 집 아이 셋 키울 때도 이렇게 열심히 가르친 적이 없다. 답답하고 속이 터질 때가 한두 번이 아니었지만 열심히 하니 지금은 그림책 한 권을 다 읽고, 자신의 생각을 쓸 수 있을 만큼 되었다. 앞으로 더 훨훨 날았으면 좋겠다.

2020년을 되돌아보니 아쉬움도 있지만 그래도 열심히 살았다. 남은 한 달, 비우고 채울 일을 생각했다. 망설이던 글쓰기를 시작했고 또 학생들과 함께해 교사로서 뿌듯한 한 해였다. 주변에 좋은 글벗들과 내가 주춤할 때 옆에서 같이 가자며 어깨동무해 주는 동료가 있어 고맙고 행복하다.

한글 공부

작년에 이어 올해도 1학년 학생에게 한글을 가르친다. 작년(2020년)에는 코로나19로 등교가 미뤄지면서 5월 중순이 되어서야 시작했는데, 올해는 한 달 일찍 만났다. 3월 새 학기가 되자 1학년 담임 선생님에게 글을 읽지 못하는 학생이 몇 명이나 있는지 알아봐 달라고 했다. 그런 아이가 교실에서 어떻게 생활하는지, 또 자존감이 얼마나 바닥인지 알기에 하루라도 빨리 가르치고 싶었다.

3월, 1학년 담임은 매우 바쁘다. 20명이 넘는 아이 지도와 한글을 모르는 아이까지 담임이 혼자 떠안기는 힘들다. 글을 전혀 읽지 못하는 아이로 보내 달라고 부탁했다. 마음과는 다르게 부모 동의받는 데 시간이 걸렸다. 무슨 이유 때문인지 모르지만 거절했단다. 몇 번의 설득 끝에 4월 28일이 되어서야 만났다.

아이는 낯을 많이 가렸다. 대화를 시도했지만 겨우 이름만 말할 뿐 본인이 다니는 학교를 물어도 반응이 없다. 이름도 순서 없이 획순이 틀리고 그리는 수준이다. 다문화 가정이 아닌데도 발음이 어눌하고 받침을 생략하고 말했다. 어느 누구도 아이의 그런 습관을 교정해 주지 않아 고착화되었고, 또래에 비해 아는 어휘가 많지 않았다.

갈 길이 멀었다. 모든 게 낯선 아이에게 첫날은 친해지려고 그림책도 읽어주고, 담임 선생님 이름도 알려주었다. 월요일을 제외한 4일간 아침 시간에 만나 공부하기로 약속했다. 작년에 가르쳤던 아이만큼 잘 따라와 줄지 걱정도 됐지만, 책을 유창하게 읽고 선생님 말을 이해하며 보통의 아이처럼 공부할 수 있도록 목표를 세웠다.

한글은 원리(발음중심 접근법)만 알면 대부분은 무리 없이 배우는데 문제는 ○○처럼 아무런 도움을 받지 못하고 방치된 아이들이다. 기특하게도 아침마다 빠지지 않고 와서 더디지만 가르치는 대로 따라 했다. 전날 배운 것을 쉽게 잊어버리기는 했지만 몸동작과 함께 입 모양을 반복해 보여주니 조금씩 기억했다. 그렇게 매일 자 모음과 쓰기를 반복 지도했더니 받침이 없는 낱말을 더듬더듬 읽었다. 부모님 도움이 절실한데 전혀 무관심이다. 그러고는 여름방학이 되었다.

9월 1일에 개학했다. ○○를 다시 불렀다. 1학기에 배운 낱말을 읽혀 보니 여전히 단어를 통째로 읽지는 못하고 더듬더듬 한 글자씩 읽었다. 계획대로 받침(7종성) 공부를 시작했다. 자석 칠판에 그날 배운 기본 받침을 차례대로 붙여 놓고 반복했다. 더듬거리지만 글자를 읽게 되니 조금은 자신감이 생긴 모양이다. 그래도 여전히 감정 표현이 없고, 물어본 말에 대답도 잘하지 않았다. 내 목소리 톤이 약간만 변해도 입을 닫고 눈을 내리깔아 버린다. 누가 아쉬운지 어이가 없었지만 여덟 살 아이와 감정싸움 할 여유가 없었다. 2학기 들어 생각만큼 발전이 없어 애가 탔다. 더구나 엄마가 늦잠을 자 아침밥을 못 먹고 오는 날이 많아 복지실에 들러 밥 먹고 오느라 공부 시간이 반으로 줄었다. 1교시 수업이 없는 날은 아이를 따로 불러 공부했다.

받침 있는 낱말을 읽게 되면서 받아쓰기를 같이 했다. 전날 배운 것, 좋아하는 음식, 학교와 관계된 것 열 개를 부르고 써 보게 했다. 읽기와 다르게 낱말 쓰기는 훨씬 어렵다. 자모음을 생각하고 그것을 조합해야 해 아이에게는 고난도의 작업이다. "학교-흐아윽(학)-그요(교)"라고 부르면 아이는 한참을 생각하다 하나씩 써 간다. 부르는 낱말 하나를 생각하고 쓰는 데 오래 걸리던 시간이 차츰 짧아졌다.

11월 들어 낱말 받아쓰기에서 한 단계 높여 문장을 써 보려고 전날 학교에서 친구와 있었던 일을 물어보니 말없이 쳐다본다. 단답형 대답은 하지만 길게 말하는 게 어려운가 보다. 답답하고 속이 터졌지만 다시 한번 마음을 가다듬었다. 대신 그림책을 읽고, 책에 있는 문장을 부르고 쓰게 했다. 아이마다 받아들이는 속도와 수준이 다르기에 맞는 방법을 찾아 가르치는 게 교사의 노하우다. 작년에 가르쳤던 아이보다 받아들이는 속도가 훨씬 느리지만 차츰차츰 어려운 글자까지 읽어 낸다. 잘했다고 칭찬하고 자신에게 "○○야 잘했어!"라고 말하라고 하니 또 입을 닫고 쳐다본다. 그런 말을 해 본 경험이 없으니 어색한가 보다.

학기 초 개발새발 이름만 썼던 것에 비하면 글자를 읽고, 부르는 문장을 바른 글씨로 쓸 수 있게 된 것만도 고맙다. 욕심내지 않고 남은 기간 매일 꾸준히 한다면 의미 단위 읽기가 멀지 않았다. 처음 한글 공부를 시작하면서 세웠던 목표는 도달하지 않을까 생각한다.

느리게 배우는 아이에게 가장 좋은 한글 공부 방법은 빠지지 않고 꾸준히 하는 것이다. 내가 의미 없이 보낼 수 있는 아침 시간 30-40분이 아이의 학교생활에 조금이나마 도움이 된다면 그보다 더 기쁜 일이 어디 있겠는가?

몰라서 미안해

4월 거리는 곳곳이 벚꽃 천지다. 고개를 조금만 돌려도 사방이 화려하고 눈부시다. 연둣빛 어린잎 사이로 보이는 하늘이 새파랗다. 조용하던 학교도 거리만큼 활기차다. 화단에는 작년에 심은 노란 수선화와 민들레가 군데군데 얼굴을 내민다. 봄은 모두를 설레게 한다.

설렘도 잠시 작년에 가르쳤던 ○○가 걱정이다. 글을 깨치긴 했지만 2학년 공부를 따라갈 만큼 실력이 안 된다. 유창하게 읽지 못하고 짧은 문장인데도 내용을 물으면 대답을 못 한다. 글만 읽을 줄 안다고 그대로 두면 부진아가 될 게 뻔했다. 그래서 한 해 더 가르치려고 한다. 자신 있게 대답하는 또래 틈에서 위축되어 말 한마니 제대로 못하고 시간 시간을 무슨 생각으로 보내는지 안쓰럽다. 그래도 이제는 감정을 묻는 말에 조금씩 대답도 하고 급식실에서 만나면 손 흔들며 웃는다.

3월 마지막 주에 아이를 불렀다. 학년말 방학 동안 뭘 하고 어떻게 지냈는지 물었지만 역시나 대답이 없다. 올해도 열심히 한글 공부하자고 말하니 그래도 고개를 끄덕인다. 수업 끝나고 하면 좋겠지만 그 시간대는 방과 후와 학원 때문에 빼먹는 날이 많아 일주일에 세 번 아침 시간에 하기로 했다. 집에서 엄마가 조금만 도와주면 훨씬 빨리 목표치에 도달할 텐데 그러질 못하니 더 안됐다.

작년에는 일주일에 네다섯 번 만났다. 하루는 올 시간이 지났는데 한참을 기다려도 나타나지 않는다. 담임에게 전화했더니 보냈다고 한다. 수화기를 놓는데 복도에서 누군가 아이 이름을 부르며 "계단에서 뭐 하냐?" 묻는 소리가 들린다. 문을 열었더니 한쪽 구석에 고개를 숙인 채 서 있다. 교실로 데리고 와 의자에 앉히고는 "공부하기 싫었구나. 그래서 복도에 있었어?" 물었더니 눈만 끔뻑끔뻑한다. 다시 묻고는 하기 싫으면 그렇다고 말해도 된다고 했더니 비로소 고개를 끄덕인다.

아차 싶었다. 아이 마음은 생각지도 않고 아침마다 오라고 했으니 얼마나 싫었을까? 친구들은 담임 선생님과 시간을 보내는데 본인만 한글 공부한다고 다른 교실로 가야 하니 힘들기도 했겠다. 실은 나는 나대로 시작할 때 목표(유창하게 읽기)에 차질이 생겨 답답하고 조급했다. 또 근무지 4년 만기로 학교를 옮길지도 몰라 이래저래 걱정이었다. 2학년 때 누군가가 관심 갖고 일대일로 지도하면 더할 나위 없겠지만 그런다는 보장도 없어 어떻게든 책임지고 싶었다. 무엇보다 학년이 올라가면서 자신을 공부 못하는 아이라 스스로 낙인찍고, 상처받을까 봐 그게 가장 걱정되었다. 욕심 부린다고 빨리 나아지지 않다는 걸 알면서도 겨우 여덟 살 된 아이 마음을 헤아리지 못하고 앞만 보고 달렸다. 그제야 아이가 보였다.

생각해 보니 늦잠 자서 빠진 적은 있어도 교실로 데리러 간다든지 짜증 낸 적은 한 번도 없었다. 아침마다 성실하게 오는 걸 당연하다 여겼다. 스스로를 반성하며 ○○에게 미안하다고 사과했다. 당분간은 교실에서 친구들과 놀고 선생님이 부르면 그때 다시 시작해도 되겠냐고 물었다. 고개를 끄덕이기에 "그럼 앞으로는 3일씩만 하자"며 달랬다.

한 주를 쉬고 다시 만난 아이 표정이 편안했다. 아프다, 슬프다, 하기 싫다고 말하라고 다시 한번 일렀다.

새 학기가 되자 난독증 전문가(자격증) 과정을 신청했다. 체계적으로 공부해 좀 더 전문 지식을 쌓고 싶었다. 먼저 시작한 동료의 권유가 있기도 했다. 아이의 수준을 정확히 진단해 더 좋은 방법으로 가르치면 훨씬 빠르게 목표에 도달하지 않을까 생각한다. 마음을 가다듬고 아이를 불렀다. 2학년이 됐으니 그동안 공부했던 실력을 알아보자며 진단지를 보였다. 처음엔 조금 두려워하더니 하나하나 설명하니 수긍하고 시키는 대로 잘 따라 한다. 그런데 자꾸 눈을 깜빡인다. 안 하던 행동이다.

검사를 끝내고 담임에게 전화해 교실에서는 어떤지 물었다. 약간 어려운 문제를 묻거나 대답하기 곤란하면 그런다고 했다. 엄마에게 정서 행동 검사를 권했더니 아예 말도 못 꺼내게 하더란다. 상담 선생님께도 같은 반응을 했다고 한다. 좋지 않은 결과가 나오는 게 두렵고 인정하기 싫었나 보다. 검사라도 해 봤으면 좋겠지만 부모님이 거부하는데 어쩔 수 없었다.

급식실에서 밥을 먹고 있는데 ○○가 오더니 말없이 눈으로 부른다. 스스로 내 곁에 온 것만도 나름 용기를 낸 행동이다. 안아서 머리를 쓰다듬으며 다음 주에 만나기로 했다. 시끌벅적한 아이들을 뒤로하고 작은 몸으로 뛰어가는 뒷모습이 짠하다.

4월, 아직은 쌀쌀하지만 학교는 모든 게 활기차다. 운동장 나무도 새순이 돋고 1학년 입학생도 학교 적응하느라 바쁘다. 공부는 못해도 좋으니 움츠리지 말고 내면이 강한 아이로 자라길 바란다.

담장 허물기

순천에서 10년을 근무하고 2000년 3월 고흥으로 발령이 났다. 생전 처음 들어보는 학교로 6학급이었다. 친하게 지냈던 선배 언니와 같은 학교로 가게 되어 그나마 위안이 되었다. 학교 가는 길은 좁은 2차선으로 한 시간이 넘게 걸렸다. 소규모 학교여서 가족 같은 분위기로 지낼 수 있겠다는 생각에 불만스러웠던 마음이 조금은 사그라들었다.

교장 선생님은 반년 전에 오셨고, 교감과 후배 남자 선생님은 그 마을 사람이다. 선배 언니와 나는 둘이 1, 2학년 담임을 하면 되겠다고 농담까지 하며 학교로 갔다. 지금은 교담이 있어 고학년 선생님 수업 시수가 많이 줄었지만, 그때는 5, 6학년을 맡으면 32-33시간 수업을 혼자 해야 했다. 예상과는 달리 언니는 5학년, 나는 6학년을, 신규 선생님 두명을 저학년으로 배정해 놓았다. 교장실로 찾아가 불만을 얘기했더니 6학년 아이들이 유별나게 드세서 그동안 담임했던 선생님들이 두손 두발 다 들었다고 했다. 할 수 없이 6학년을 맡았다.

우리 반에 지역에서 말 좀 한다는 학부모가 다 모여 있었고, 6년 동안 한 학급으로 생활해서인지 학생들 간에 서열이 정해져 학급 내 왕따 당한 아이도 보였다. 교실에 《우리들의 일그러진 영웅》의 엄석대가 있었다. 아버지가 마을에서 학원을 운영하는 아이를 중심으로 여학생 일곱 명이 몰려다녔고, 우두머리 격인 ○○는 다른 아이들이 넘볼 수 없을 만큼 공부도 잘해 아무도 나무라는 사람이 없었다. 남학생들은 기죽어 지내며 무관심했고, 나머지 여학생들은 그 무리에 끼고 싶어 그 아이들 주변을 맴돌았다.

반 아이들과 기 싸움이 시작되었다. 섣불리 틈을 보이면 1년이 힘들 수 있겠다는 생각에 웃음기 뺀 얼굴로 생활했다. 아이들이 나를 만만하게 보지는 못했다. 부당한 일을 당해도 말 한마디 못하는 나머지 아이들을 보니 분노가 치밀었다. 눈에 보이지 않는 싸움을 하며 힘든 3월을 보냈다. 그 사이 학원을 운영하는 학부모님과도 조금씩 신뢰를 쌓았다.

학교 운영위원회를 조직하면서 사건은 터졌다. 우리야 운영위원장이 누가 되든 관심 밖인데 시골은 다르다. 경력 사항에 '운영위원장' 한 줄이 매우 중요했다. 동네 선 후배가 순서를 정해 통보하면 학교는 그대로 따르면 되었다. 그런데 교장 선생님이 그것을 무시하고 정식 절차를 거친다며 안내장을 발송해 버렸다. 지금까지 관례처럼 해 왔던 일인데 자기들 말을 무시했다며 학부모들이 반발해 교장실까지 찾아왔다. 그래도 굽히지 않았다.

급기야는 교장을 쫓아낸다고 등교를 거부했고, 학생들을 학교에 보내지 않았다. 마을에서 유일하게 대학을 나온 학원을 운영하는 ○○부모님을 중심으로 가담한 사람 대부분이 우리 반 학부모였다. 오전에는 교문, 점심시간엔 급식실 앞을 지키며 등교하는 학생을 집으로 돌려보냈다. 어느 마을 누구인지 이름을 적어 학교 보내지 말라며 전화했고, 협조하지 않으면 함께 살 수 없다고 은근히 압력을 넣었다. 난리통 속에도 급식실은 운영되었다. 점심을 먹으러 가는데 그 앞을 지키고 있던 학부모와 미리 밥을 먹고 나온 유치원 선생님 간에 약간의 말다툼이 있었다. 남자 학부모는 들고 있던 컵에 있는 물을 유치원 선생님 얼굴에 뿌려 버렸다. 상상할 수 없는 행동에 놀라고 겁도 났다. 동료 선생님이 당하는 것을 말 한마디 못하고 바라만 보는 내 자신이 한심하고 비참했다.

등교하는 학생 수는 점점 줄고 우리는 텅 빈 교실에서 아이들이 오기만 기다렸다. 하루 종일 빈 교실만 지키다 퇴근했다. 불안한 날이 계속됐다. 쉬는 게 쉬는 것이 아니었다. 핵폭탄이 터질 것 같았다. 그냥 있을 수 없어 선생님들은 학생을 데리러 마을로 갔다. 도중 험악한 얼굴을 한 남자들이 양팔을 벌려 차를 막고는 돌아가라고 소리 질렀다. 무서워 대꾸 한 마디 못하고 차를 돌려 다시 학교로 왔다. 등교 거부가 한 달간이나 계속되었다.

마을 사람들은 밤마다 학교 도서실에 모여 회의를 했다. 같은 마을 사람인 교감 선생님이 나섰지만 아무런 소용이 없었다. 나도 학원을 운영하는 ○○엄마를 만나 이제 그만큼 했으면 됐으니 아이들을 학교로 보내 주라고 부탁했다. 혼자서 벌인 일이 아니어서 보내고 싶어도 지금은 그럴 수 없다고 했다. 일이 점점 커지고 있었다. 도 교육청으로 가자는 의견이 나왔나 보다. 마침내 마을 출신 군의원까지 나서서 대형 버스에 학부모들을 태우고 광주로 갔다.

교장 선생님이 학교 일에서 손을 뗀다는 조건으로 겨우 수습되어 볼모로 잡혔던 아이들이 학교로 돌아왔다. 교실은 다시 활기를 찾았지만 나는 학교에 정나미가 떨어졌다. 출근을 못하게 된 교장 선생님은 관사에서 근무하며 두문불출 감옥살이를 했고, 2학기에 학부모들이 원하는 대로 다른 곳으로 발령 나 떠났다. 학교가 싫었지만 유별난 학부모들 입에 안 좋게 오르내리기 싫어 아이들에게는 최선을 다했다. 그렇게 6학년 아이들과 생활을 잘 마무리하고 다음 해 그곳을 떠났다. 얼마든지 대화로 풀 수 있었는데도 자신들 말을 들어주지 않았다고 벌인 극단적인 행동에 모두가 상처 입었다. 특히 아이들이 가장 큰 피해자다.

오래전 아파트와 공공 기관 담장 허물기가 한창 유행한 적이 있다. 녹지공간을 조성한다는 목적도 있지만 '담장'이 상징하는 사람 간의 관계의 벽, 마음의 벽을 허무는 것이 더 큰 이유이지 않을까 싶다. 세계는 하나라고 외치는 시대에 해가 갈수록 좌 아니면 우로 편 가르기가 도를 넘는다. 높은 자리에 있는 사람을 왜 지도층이라고 하는지 이해할 수 없지만 사회 지도층이라는 사람들이 더한다. 이제는 다른 사람 눈치는커녕 부끄러워하지도 않는다. 상대가 담장을 걷어내지 않았다고 불평하지 말고 나부터 부수는 일을 시작하면 좋겠다.

교실 풍경

한가한 토요일 아침, 삶은 달걀과 사과로 아침밥을 준비하고 베란다로 향한다. 한창 꽃을 피우는 초록 식물과 다육에게 눈인사하고 청소를 시작했다. 깨끗하게 주변을 정리하고 화단에 앉아 꽃을 보며 마시는 커피 한 잔에 행복하다.

지저분한 것은 잠시도 두고 보지 못하는 성격 탓에 쉬는 날도 하루 종일 꼼지락거린다. 머리카락 하나라도 눈에 보이는 족족 치워야 직성이 풀리니 남편과 애들은 내게 병이라고 한다. 몸이 아파 누워 있다가도 무엇인가 눈에 띄면 끙끙거리며 일어나 그것을 치워야 마음이 편하다. 그래도 날마다 쓸고 닦던 예전에 비하면 많이 좋아진 편이다. 요즘은 남편이 청소기 담당이라 나는 아예 손대지 않는다. 대신 먼지가 있는 바닥을 맨발로 밟았을 때 푸석거리는 느낌을 견딜 수 없어 걸레질은 자주 한다. 닦고 난 후의 뽀드득거리는 감촉이 좋다.

요즈음 학교에는 청소하는 미화원이 있어 복도나 화장실 청소는 학생이 하지 않는다. 그런다고 교실을 깨끗이 하냐면 그것도 아니다. 화장실에는 길게 풀어놓은 화장지가 뒹굴고 심지어 물도 내리지 않는다. 교실에 들어가면 여기저기에 쓰레기가 나뒹굴어도 누구하나 더럽다고 생각하지 않는다. 옆에 떨어진 종이를 줍자고 하면 자기가 버린 것 아니라며 꿈쩍도 않는다. 그런 교실은 선생님 책상 주위와 뒤쪽 공간도 지저분해 볼 수가 없다. 깨끗한 교실을 찾아보기 힘들다. 젊은 교사도 학생 때 공부만 했지 부모님이 청소를 얼마나 시켰을까를 생각하면 이해하지만 전혀 더럽다고 느끼지 못하는 게 문제다. 3월이 되면 미세먼지 때문에 학생들을 운동장에 나가지 못하게 한다. 정작 교실에 더 많다는 사실을 알기나 할까?

6학년 보결 수업 들어갔을 때다. 청소 시간에 여학생이 교실 바닥을 쓸면서 쓰레기는 그대로 두고 한쪽만 쓸었다. 옆에 있는 휴지도 같이 쓸자고 했더니 자기 구역이 아니라며 말을 듣지 않는다. 옆에서 쓸고 있는 아이에게 다시 말하니 그 아이도 같은 말을 한다. 휴지는 두 아이가 맡은 구역의 경계선에 있었다. 담임 선생님이 선을 그어 구역을 정해 주었는데 그곳에 걸쳐 있으니 치울 수 없단다. 할 말을 잃었다.

자기가 사용하는 교실을 청소하는 것은 당연하다. 집에서도 자기가 쓰는 방은 본인이 치우도록 가르쳐야 한다. 다른 사람과 같이 살아가려면 최소

한 이런 것은 해야 하는데 걱정이다. 학생들 책상 위는 종이 조각과 지우개 가루로 가득하고, 물통부터 여러 소지품까지 정신없이 널려져 있는데도 치울 생각을 안 한다. 손장난하기 좋은 물건이 눈앞에 있는데 수업에 집중할 리가 없다. 반복적으로 교육해야 습관이 될 텐데 무관심이다. 갈수록 기본 교육을 소홀히 한다. 초등학교 학생에게 기본인 기초학력이나 기본 생활 습관에 더 신경 써야 하지 않을까 싶다. 바른 생활 태도가 습관으로 이어져야 성인이 되어서도 남과 더불어 살 수 있다. 아이 성적에 신경 쓴 만큼 기본 생활 습관도 가르쳤으면 좋겠다.

초등학교 시절 복도 윤내기한다고 마른걸레 하나씩 들고 줄 맞춰 앉아 초 칠하고 백 번씩 걸레질했던 기억이 새롭다. 얼마나 닦았는지 나무 복도가 반질반질해 미끄럼 타기에 안성맞춤이었다. 실내화가 없던 시절이라 양말 바닥까지 윤이 났다. 옛이야기를 하면 꼰대라고 한다. 시절이 변했으니 시대의 변화에 맞춰야 하지만 그래도 자기가 쓴 교실이나 방 청소는 당연히 해야 하지 않을까?

오늘도 수업하러 들어간 교실 바닥은 쓰레기가 뒹군다. 새 학기가 시작되고 두 달이 지났는데도 책상 위는 여전히 온갖 잡동사니로 어지럽다. 책과 연필만 두고 수업에 필요 없는 물건은 서랍이나 가방에 넣으라며 기다린다.

어른이 되는 길

어릴 땐 빨리 어른이 되고 싶었다. 어려운 일도 쉽게 해결하고, 부조리한 사회도 정의롭게 만든다고 생각했다. 돈도 마음대로 쓰고, 자기가 가고 싶은 곳은 어디든 갈 수도, 하고 싶은 것도 다 하는 만능인으로 보였다. 나이 들면 저절로 어른이 되는 줄 알고 빨리 나이 들고 싶었다. 그런데 어른이 되고 보니 책임져야 할 일이 많을 뿐만 아니라 주변 눈치도 봐야 하고 어깨에 진 짐이 많았다. 세월에 몸을 맡기면 저절로 되는 것이 아니었다.

아침에 스마트폰을 보니 가족 카톡 방에 큰아들이 보낸 기사가 있었다. 어젯밤 늦은 시간에 보냈는데 일찍 잠이 들어 아침에야 보게 되었다. '지하철서 술 취한 여성 추행한 30대, 시민 도움으로 검거'라는 에스비에스(SBS) 디지털 뉴스를 캡처한 것이었다. 자세히 읽어보니 전날 밤 열한 시 20분 지하철 안에서 술에 취해 조는 여성을 수십 차례나 성추행한 30대 남성이 같은 열차에 타고 있던 시민의 도움으로 경찰에 검거됐다는 소식이었다. 이 상황을 지켜보던 시민이 성추행 장면을 휴대 전화로 촬영해 곧바로 112에 신고했고, 성추행범을 따라 내린 뒤 키와 옷차림, 동선 등을 체포 직전까지 경찰에 실시간으로 전달했다고 한다. 범행 당시 술에 취해 있었고 경찰 조사 과정에서 자신의 혐의를 대부분 인정했고 석방되었단다. 경찰은 보강 수사를 벌인 뒤 사건을 검찰에 송치할 예정이라 했다. 딸은 그 시민이 큰아들이라는 설명을 달아 놓았다. '정의로운 일 한 건 했구나.'라는 댓글을 달았다.

아들에게 용감한 일 했다고 말은 했지만 마음이 편치 않았다. 혹시 보복하지 않을까 은근히 걱정되었다. 남편도 같은 생각이었는지 아들에게 혹시 모르니 사진 지우라는 문자를 한다. 경찰이 증거라며 보관하라고 했단다. 기사 아래를 보니 안 좋은 댓글도 달렸다. 오전 내내 머릿속으로 소설을 썼다.

아침 먹고 아들과 딸에게 '모난 돌이 정 맞는다'며 모든 일에 너무 나서지 말라는 문자를 했다. 부끄럽긴 했지만 그런다고 그냥 두자니 마음이 불안해 아무 일도 손에 잡히지 않았다. '불의를 보면 참지 말고 어려움에 처한 사람은 도와야 한다'고 가르쳐야 할 어른이 피하든지 모른 척하라는 것이 맞는지 스스로에게 물었다. 더구나 학생을 가르치는 교사인데 말이다. 남 일일 때는 열을 내면서 그게 내 일이 되니 비겁해진다. 요즘은 세상이 무서워 좋은 마음으로 한 일도 복잡하게 꼬여 피해 입은 사람이 많다며 애써 합리화한다.

다음날 딸에게 전화가 왔다. 아들이 경찰청장 표창을 받게 되었단다. 회사에도 소문이 퍼져 상사들에게 불려 다니며 칭찬을 받았다는 소식을 전한다. 기뻐해야 할지 말아야 할지 그랬냐며 대답만 하고 전화를 끊었다.

나이 먹을수록 어릴 때 생각과는 다른 어른이 돼 간다. 아름다운 것 이면에는 그렇지 않은 것이 있다는 것을 알게 되면서 복잡한 일에는 끼어들지 않으려 외면한다. 부조리한 일을 봐도 더 이상 열 내지 않으며 그러려니 받아들이게 되었다. 세상에 흠 없는 사람이 어디 있냐며 좋은 게 좋은 것이라 적당히 타협하려 한다. 학교에서도 복잡해지는 게 싫어 점점 방관자가 된다.

어린 시절 한창 자랄 때는 모두 비슷하다. 청년이 되면서 각자의 노력으로 일군 실력과 재능에 따라 차이가 나기 시작한다. 그러다 좀 더 나이 들면 실력보다는 인품이, 좋은 어른의 기준이 된다. 주변에서 실력과 운으로 부와 명예, 권력을 얻었다고 자신의 경험에 갇힌 오만한 고집쟁이 늙은 이로 변한 사람을 많이 봤다.

근무하는 학교에서 나이로는 내가 제일 어른이다. 아직 부족해 갖춰야 할 것이 많은데 어쨌든 어른 대접을 받는다. 젊었을 때야 실수해도 다들 이해하지만 이제는 어른답지 못하다고 한다. 그 기준은 누가 세웠으며, 어떤 것인지 아직까지 잘 모르겠다. 나이만큼 뿜어져 나오는 향기가 있으면 좋으련만 그런 게 있는지도 의문이다.

그래도 하나, 매사에 여유가 생겼다. 글쓰기를 시작하고 생긴 변화다. 글을 쓰며 스스로를 성찰하는 시간이 늘었다. 젊을 땐 자로 잰 듯 반듯한 기준에 맞춰 상대를 평가하고 유연하지 않았다. 이제는 너그러운 마음으로 세상을 보려고 한다. 김난도 교수는《천 번을 흔들려야 어른이 된다》고 했는데 아직도 흔들리는 것을 보면 시간이 좀 더 필요하긴 한가 보다.

사라져 가는 것

학교를 옮겼다. 경상도 하동과 가깝고 전어와 재첩으로 유명한 곳으로 분교가 세 개다. 한 곳의 분교장을 맡았다. 집에서 자동차로 한 시간이나 걸렸다. 새로운 곳에 적응하려니 힘들었다.

전교생이 열아홉 명으로, 교사는 신규와 다른 지역에서 전입해 온 분 각각 한 명, 나 포함 여선생님 셋과 학교를 관리하는 주사님이 전부였고 복식학급이다. 나는 1, 2학년, 경상도에서 온 선생님은 3, 4학년, 신규는 5, 6학년을 맡았다. 1학년 남학생 셋, 2학년 여학생 하나, 남학생 둘로 총 여섯 명의 아이들과 생활하게 되었다. 마침 막내아들도 입학할 나이가 돼 고민 끝에 데리고 다니기로 했다. 아침마다 잠에서 덜 깬 아들을 데리고 먼 곳까지 다니자니 전쟁이 따로 없었지만 차츰 안정이 됐다.

섬진강 휴게소 뒷길 따라 학교 가는 길은 참 아름다웠다. 시간에 쫓겨 처음에는 아무것도 보이지 않더니 차츰 주변 풍경이 눈에 들어왔다. 3월 매화를 시작으로 개나리와 진달래가 축제를 벌이면, 이어 벚꽃이 터널을 만들었고, 하얀 솜사탕 같은 배꽃, 화려한 철쭉이 봄을 마감한다. 여름이면 늘씬한 아름드리 메타세쿼이아 나무가, 가을엔 형형색색 코스모스와 국화, 겨울엔 하얀 눈이 출근길을 기분 좋게 했다. 일년 내내 차창 밖으로 계절을 느끼며 눈 호강하며 다녔다.

학부모들 대부분은 딸기, 애호박, 수박, 양상추 등 하우스와 배 농사로 부농에 속했다. 인심도 후해 교무실에는 수확한 농작물이 끊이지 않았다. 체육대회가 되면 열아홉 명의 학생과 학부모, 다른 주민까지 달리기, 줄다리기, 그 외 프로그램으로 재미있는 하루를 보냈다. 섬진강에서 잡은 재첩으로 국과 회, 하우스에서 재배한 과일 등 맛있는 음식으로 동네잔치가 벌어지기도 했다.

학부모들과 친해지면서 장소를 섭외해 쑥 캐기, 감, 밤 따기, 고구마 캐기, 섬진강 재첩 잡기, 삼겹살 구워 먹기 등 될 수 있으면 토요일은 주로 체험을 했다.

시골이지만 쑥을 캔 적이 없어 어떻게 하는지 모르는 아이들이 대부분이었다. 주사님이 물때를 알려주면 그 시간에 맞춰 섬진강으로 재첩 잡으러 가기도 했다. '염불보다 잿밥'이라고 아이들은 제첩 잡는 것도 잊고 수영하느라 정신이 없다. 그곳 사는 학부모가 아이스크림까지 사 들고 찾아오기도 했다. 여학생이 잡은 것과 학부모님께 얻은 것을 들고 학교로 돌아와 제첩국을 끓여 먹기도 했다. 뽀얀 국물이 우러나 시원한 제첩국을 생전 처음 맛보았다. 겁도 없이 아이들을 데리고 섬진강을 가다니 지금 생각하면 아찔하기만 하다.

가을이면 밤과 감을 따러 다녔고, 수고했다며 준 밤은 급식실에서 삶아 전교생이 한자리에 모여서 먹고, 남은 시간은 공을 찼다. 아이 대부분이 집에서 밤을 재배하는데도 학교에서 친구와 같이 먹는 맛은 다른지 서로 먹으려고 다투기도 했다. 삼겹살 먹는 토요일은 책가방과 푸성귀가 든 비닐을 들고 등교했다. 오전 수업하는 동안 주사님이 불 피우고 모든 걸 준비해 놓으면 일찍 마친 내가 고기를 구웠다. 끝난 학생은 순서 없이 급식실로 와 밥을 먹고 운동장으로 나간다. 축구를 끝으로 토요일 일정을 마무리했다.

아들과 다섯 친구는 수입이 끝나기 바쁘게 학교 운동장과 마을로 돌아다니며 얼굴이 시커멓게 타도록 놀다가 퇴근 시간에 맞춰 학교로 돌아왔다. 치고받고 싸울 때도 있지만 곤충, 벌레를 잡으며 온 들판을 휩쓸고 다녔다. 글을 읽지 못하는 아이에게 한글을 가르치려고 해도 친구와 놀고 싶어 집중하지 못해 애를 먹었다. 도중에 다른 학교로 전학을 갔는데, 한글을 제대로 가르치지 못한 채 보내 미안한 마음이 컸다.

가끔 학교 행사로 늦은 밤까지 있기도 했는데, 수많은 별이 촘촘히 박혀 쏟아질 듯 반짝이는 아름다운 밤하늘을 잊을 수 없다. 깜깜한 곳에서 빛을 내며 날아다니는 반딧불이도 처음 봤다. 도깨비불처럼 신기했다. 넋 놓고 별을 바라보노라면 나도 모르게 감탄사가 절로 나왔다. 학교를 떠난 후로 어디에서도 그런 광경을 보지 못했다. 막내아들도 가끔 분교에서 봤던 별 이야기를 한다. 아름다운 신세계를 경험했고 잊혀지지 않는다며 다시 보고 싶다고 했다. 같이 운동장을 휩쓸고 다녔던 친구들은 어떻게 변했을지 궁금해하며 한 사람 한 사람 이름을 불러 보았다. 민수 형, 용재 형, 은영이 누나, 용재 동생 용만이, 전학 간 친구는 이름이 생각나지 않는다고 했다. 지금은 다들 20대 후반 청년이 되어 고향을 떠나 직장인이 되었을 것이다.

수년 전 학교를 떠난 후 하동 가는 길에 한 번 들른 적이 있다. 운동장과 교사(校舍)는 그대로였고 학생 수는 더 줄었다. 처음 본 선생님과 축 늘어진 교문 앞 화려한 겹 매화만이 변함없이 반겨 주었다. 서운한 마음을 뒤로하고 함께했던 아이들과 고마운 학부모님은 기억으로만 만나고 나왔다.

그 후론 가보지 않았지만 지금은 다 폐교되어 그곳을 졸업한 학생과 선생님의 수많은 이야기와 사연을 간직한 채 먼지와 거미줄만 가득할 것이다. 그동안 여러 학교를 거쳤지만 이곳만큼 아름다운 생활은 경험하지 못했다. 생활에 지칠 때면 가끔 조용히 눈감고 그 시절로 돌아가곤 한다. 웃음소리가 끊이지 않았던 학교가 입학할 학생이 없어 하나둘 사라져가는 현실이 안타깝다.

어려운 관계

교직에 들어선 지 올해로 40년째다. 한 해도 쉬지 않고 달렸더니 어느새 이순의 나이에 접어들었다. 20대에 내가 본 마흔 넘은 선배 교사들은 감히 다가갈 수 없는 어려운 존재였는데 지금의 나는 젊은 후배 교사에게 어떻게 비칠까 궁금하다.

현재 학교에서 내 나이가 가장 많고, 1년 후배인 교장, 교감과 교무가 40대, 나머지는 20대 후반과 30대다. 작년까지는 그래도 교감 선생님과 행정실장이 후배이기는 하지만 50대 중반의 나이로 동시대를 살았다고 공유하는 부분이 많아 친하게 지냈다. 그런데 2학기 들어 둘 다 다른 학교로 옮기게 되면서 내 또래가 없다. 친하게 지낼 친구가 없어 명예퇴직했다더니 그 말을 실감한다.

올해는 작년보다 선생님들 나이가 더 젊어졌다. 잘못 행동했다가는 꼰대

소리 듣기 딱 좋은 환경이다. '꼰대란 남들보다 서열이나 신분이 높다고 여기고, 자기가 옳다는 생각으로 남에게 충고하는 걸 당연하게 여기는 자'라고 한다. 나는 아니라고 생각하지만 젊은 친구 생각은 나와 다를 수 있다. 나이 드니 이런 것까지 신경 쓰인다. 입지가 점점 좁아지면서 행동도 조심하고 될 수 있으면 하고 싶은 말도 참게 된다.

올해 우리 학교는 리모델링 사업으로 도서관을 새로 정비하게 되었다. 돈을 들이니 답답했던 공간이 확 트이고 내부가 한층 깨끗해졌다. 멋지게 변했지만 서가가 턱없이 부족했다. 공사 들어가기 전 그곳에 있던 수만 권의 책을 다른 장소로 옮기는 일과 완공된 후 새로 만든 서가로 옮기는 작업을 선생님들이 했다. 먼저 옮길 책과 폐기처분 할 것을 구분하는 일을 한다고 도서 담당 선생님과 교감 선생님이 기준을 알려 준다. 순회 사서 선생님의 조언을 구했다고 했다.

작업을 도우려고 옷을 갈아입고 책을 모아 둔 장소로 갔더니 선생님들이 보이지 않는다. 주변을 둘러보니 학생들과 토론 수업을 하려고 내가 몇 년간 주문한 책은 따로 사리하고 있었다. 한두 권만 남기고 다 폐기처분 하라는 메모가 적혀있다. 일러 준 대로 썼다고 한다. 본인이 주문한 책이 아니라지만 학교 사정도 알지 못하면서 무책임하다는 생각에 화가 났다. 선생님들이 하나둘 모이고 교감 선생님도 들어오신다. 새로 온 교감은 아직 그 책이 어떤 책인지 알지 못했다. 또 관심 두지 않으면 어떤 내용인지 어떻게 수업에 활용하는지 알지 못한다.

나는 교감 선생님께 책을 구입한 이유를 말하고 버리면 안 된다고 했다. 다른 것은 몰라도 토론용 도서는 내가 알아서 한다며 손대지 못하게 했다. 정리를 시작했다. 물론 오래된 것은 버리고 새 책을 사는 것은 맞다. 그런데 버리고 나면 다시 필요해서 찾을 때가 생긴다. 여러 번 경험했던 일이다. 독서 수업할 때 책이 부족해 아쉬울 때가 한두 번이 아니었다. 문학 도서로 수업을 해 보지 않은 선생님들이야 책을 버리든 말든 관심이 없다. 일을 시작한 선생님들도 웬만한 책은 한 권씩만 놔두고 나머지는 다 버린다고 다른 자리로 옮긴다. 작년에 산 책까지 모두 버린다고 내놓는다. 못 본 체할 수가 없었다.

수량이 많은 것은 한 학급 분만 남기고, 구입한 지 얼마 되지 않은 책은 아까워 도서관으로 다시 가져가라고 하니 그냥 버리자고 한다. 쓸 책이니 안된다며 도서관으로 옮겨 주라고 했다. 버린다고 모아 놓은 책이 산을 이루었다. 좋은 책이 쓰레기가 된다니 마음이 쓰리다.

사람의 생각은 자라온 환경이나 사회적 배경에 많은 영향을 받는다. 5060(베이비 붐)세대인 우리는 다들 어려웠고, 절약하는 것을 당연한 것으로 여기면서 자랐다. 모든 게 풍족하고 소비를 즐기며 자란 젊은 선생님들과 생활 방식이 달라 차이가 날 수밖에 없다. 이런 내 모습이 그들의 눈에 세대 차이로 비치지 않을까 걱정된다.

나이가 들어도 인간관계는 여전히 어렵고 힘들다. 더군다나 연령층이 점점 낮아져 대화할 사람이 없는 학교에서 요즈음 많이 외롭다. 어른 노릇도 해야 하고, 후배들이 다가서기 어려워도 안되고, 어디까지 경계를 그을지 고민이다. 속없는 듯 사는 게 제일 좋은 방법이지만 그것도 쉽지 않다. 직장에서든 가정에서든 좋은 관계를 유지하며 사는 것은 사회생활을 하는 한 큰 숙제다.

깜지를 아시나요

숨소리조차 들리지 않았다. 오직 연필과 샤프심 닳는 소리와 간간이 종이 뒤집는 소리만 들릴 뿐이다. 아이 셋 챙기느라 출근 시간이 늦어 날마다 불안했는데 비로소 마음이 놓인다.

1995년 6학년을 담임했다. 순천에 처음으로 분양한 아파트에 당첨되어 이사했고, 집 가까운 학교로 옮겼다. 아홉 개 반으로 잘사는 사람이 많았고 학부모 교육열 또한 높았다. 매달 월말고사를 봤고, 학생은 물론 선생님과 학부모도 시험 결과에 신경을 곤두세웠다. 엄마들도 시험공부에 열을 올렸고 문제 한두 개 맞고 틀리고에 민감했다. 심지어 집으로 전화해 자기 아이가 몇 등인지 물어보기도 했다. 알려 주지 않아도 몇 반, 누가, 몇 점으로 전교 일등을 했는지 벌써 소문이 났다. 점수가 낮은 반은 교장이 따로 담임을 불러 꾸중하기도 했다. 공부 잘 가르치는 선생님이 되려면 할 수 없이 애들을 들들 볶는 수밖에 없었다. 자존심 문제였다. 6학년 담임은 중학교 반별 배치 고사 성적까지 신경 써야 했다.

시험 날짜와 범위가 정해지면 그때부터는 매일 복사물을 풀고, 외우기를 반복했다. 아이들도 지겨웠겠지만 선생님도 입에 침이 마른다. 시험이 끝나면 아홉 명 선생님이 교실에 모여 한 과목씩 채점했다. 이곳저곳에서 한숨과 혀 차는 소리가 들린다. 몇 번을 가르쳤는데 틀렸다며 가만두지 않겠다고 씩씩거리며 시험지에 화풀이한다. 어떤 문제를 틀렸는지, 몇 반이 잘했는지 비교하며 더 강조하지 못한 것을 후회하고 자책하기도 했다.

과목마다 최하 점수를 받은 학생이 없어야 반 등수가 중간이라도 되기에 쉬운 문제를 틀린 학생이 누군지 확인한다. 채점하는 교실은 선생님들 중얼거리는 소리로 가득하다. 그나마 주관식 채점 시간이 돼야만 웃는 소리가 들린다. 문제 답을 쓰지 못하고 빈칸으로 둔 학생은 시험 끝나고 교사의 화풀이 대상이 됐다. 무슨 말이라도 꼭 채우라는 담임의 잔소리에 얼토당토않은 답을 쓴 학생 답안지를 보고 배꼽 잡으며 부글부글 끓는 속을 가라앉히기도 했다. '문방사우(文房四友)'를 쓰라는 문제에 동아 문구사, 장군 문구사 등, 학교 주변 문방구 이름 네 개를 쓴 학생도 있었다.

조금이라도 일찍 출근하려고 노력했지만 애들이 어려 씻고 밥 먹여 학교 도착하면 여덟 시 40분이다. 담임인 내가 없는 사이 교장이 돌아다니다 떠든 걸 볼까 봐 조마조마했다. 그 시절 초등학교 교장은 학교 왕이었다. 개인 사정이 어쨌든 조금도 이해해 주지 않았다. 반장에게 자습 시간 아이들 조용히 시키라고 누누이 말하지만 한계가 있었다.

아침 시간을 어떻게 할까 고민하다 고등학교 때 썼던 깜지가 떠올랐다. 반 아이들에게 "너희들이 떠들어 교장에게 불려 갔다."고 거짓말을 했다. 그래서 어쩔 수 없이 깜지를 써야겠다고 했다. 교탁에 갱지를 두면 암기 과목 (사회, 과학, 실과, 음악, 미술, 도덕)을 읽고 그 내용을 앞뒤로 채우라고 했다. "글씨는 깨알같이 작게 쓰고, 일일이 검사해서 책에 없는 내용이면 남아서 다시 쓰게 할 테니 알아서 해!"라며 엄포를 놨다. 말이 끝나기 무섭게 "아" 하는 탄식 소리가 들렸다. 본인들 때문에 다른 반에 피해가 갔고, 선생님이 교장실까지 불려 갔다니 아이들도 더 이상 어쩌지 못했다. 어떤 이유도 통하지 않는다는 걸 안다.

학생들 등교 시간이 빨라졌다. 교실에 들어서면 교탁에 놓인 갱지 한 장을 들고 자리에 앉아 책을 펼치며 손이 바빠진다. 말소리가 없어진 교실은 고요 그 자체다. "휴! 다 썼다" 안도의 한숨이 들린다. 아침에 쓰지 못한 아이들은 쉬는 시간에 쓰느라 놀지도 못했다.

매일 일기장과 깜지를 검사했다. 힘들어 죽겠다는 불평과 언제까지 해야 하는지 묻는 내용이 많았다. 미안한 생각에 갈등도 많았지만 쉬운 인상을 줄 것 같아 그만두지 않았다. 선생님들은 담임이 없는데도 교실이 조용하다며 자율 학습을 잘하는 비결이 뭐냐고 물었다.

부작용이 생겼다. 글씨가 점점 커지고 같은 문장을 반복해서 쓰며 요령을 피우기 시작했다. 심지어 연필 두 개를 겹쳐 한꺼번에 쓰기도 했다. 기발한 생각에 웃음도 났지만 꾹 참고 내색하지 않았다. 아침밥을 먹지 않고 오는 애들이 하나씩 늘어났다. 급기야는 학부모 항의까지 받았다. 대학 입시를 앞둔 수험생도 아닌데 새벽에 일어나 밥도 먹지 않고 아침 일찍 나가는 게 말이 되냐며 그만했으면 좋겠다고 했다. 예상했던 일이다.

힘들어하는 애들에게 미안해서 언제 그만둘까 고민했는데 잘됐다. 종례 시간 애들에게 눈을 감으라고 했다. "그동안 깜지 쓰느라 고생했다. 이제는 선생님이 없어도 잘하니 그만해도 되겠다." 말이 끝나기가 무섭게 교실이 떠나가도록 소리 지르며 좋아한다. 하지만 또 떠들면 다시 시작한다는 협박 아닌 협박은 빼지 않았다.

고등학생 때 숙제로 깜지를 썼다. 고통스러웠고, 효과도 없는데 왜 시키는지 선생님을 원망했다. 좋지 않은 경험이었는데 초등학생에게 떠든다는 이유로 똑같이 시켰다. 학급 관리 잘한다는 동료 선생님 칭찬에 어깨 으

쓱했지만 지금 생각하면 어디에도 말하기 부끄러운 일이다.

2022년 4월, 학교에 도착하니 여덟 시 5분이다. 선생님과 학생들은 자유롭다. 일찍 온 학생들이 복도에서 뛰고 난리다. 몇몇은 남, 여 탈의실에 들어가 문을 발로 차며 소리 지른다. 어떤 반은 운동장에서 달리기하고, 어느 반은 조용하게 책 읽고, 또 다른 반은 보드게임 하며 시간을 보낸다. 출근 시간만 지키면 아무도 간섭하지 않고 조마조마하지 않아도 된다.

사십 대 엄마 아빠가 된 제자들은 체벌이 없어진 시대에 사는 자식을 키우며 숨 막히게 깜지를 썼던 6학년 시절을 어떻게 기억하고 있을까?

떨리는 마음으로

1980년도 대학에 입학했으니 마지막 예비고사-본고사 세대다. 81년도에 본고사가 폐지되어 예비고사만 치뤘고, 다음 해부터는 대학입학학력고사로 명칭이 바뀌었다. 필기 320점에 체력장 20점을 합하여 총 340점 만점으로, 예비고사에 붙은 학생들은 다시 대학에 원서를 내 본고사를 봐야 했다. 본고사는 국, 영, 수 중심의 서술형 문제가 나왔다. 내신성적을 반영했던 때가 80년도가 처음이지 않을까 싶다. 내가 원서를 냈던 교육 대학은 본고사 없이 예비고사와 내신 성적만으로 시험을 치뤘다.

누구나 겪는 대학 입시를 앞두고 나 또한 예외는 아니었다. 진로에 조언이나 도움 줄 사람이 없었고 모든 것을 혼자 결정하고 선택해야 했다. 지금은 입시 철이 되면 서울 유명 학원에서 대입 설명회도 하고, 또 정보를 얻고 싶으면 어디서든 구할 수 있지만 그때는 그런 것도 부족했다. 고3 담임 선생님은 겨우 원서 써주는 역할만 할 뿐 정보를 줄 정도는 아니었다.

나는 형편상 전남을 벗어나면 안되고, 학비가 싼 국립대여야 한다는 스스로의 선을 정했다. 내 밑으로 동생 둘이 있고, 만약 떨어지더라도 재수는 생각도 못하니 어떻게든 합격해야 했다. 몇 날 며칠 혼자 고민하다 교육 대학으로 마음을 굳혔다. 인터넷이 없던 때라 해당 학교로 직접 가 원서를 샀다. 담임 선생님이 써서 학교 직인까지 찍으면 그 서류를 본인이 직접 대학을 방문해 접수했다. 원서 값은 500원이었다. 혹시 있을 실수에 대비해 일찍 서둘러야 하는데 학교 고민하느라 시간을 다 보내고 친구에게 부탁해 마감날 겨우 냈다. 고등학교 3년 동안 교육 대학을 간다는 생각은 해본 적이 없었는데 교사가 될 운명이었나보다.

예비고사를 보고 난 후, 고3 교실은 시장터만큼이나 시끌시끌했다. 마지막 졸업 고사가 남았지만 아이들은 전혀 관심이 없었다. 그래도 내신 성적이 필요한 학생은 끝까지 최선을 다해야 했다. 졸업 시험이 있는 날, 2교시가 끝나고 갑자기 학생 주임이 교실로 오셨다. 시끄럽던 교실이 갑자기 조용해졌다. 반에서 논다 하는 친구 일곱 명 이름을 부르며 학생부실로 오라고 했다. 그렇지 않아도 지난 일요일 순천고 남학생들과 미팅하고 조계산에 갔다 왔다며 아침부터 시끄러웠다. 선물을 자랑하기도 했다. 우리는 공부도 뒤로하고 이야기를 들으며 부러워했는데 그런 일이 생긴 것이다. 같이 간 남학생이 들켜 이름을 불었고 그 명단이 우리 학교 학생부실로 넘어왔다고 했다. 난리 속에서 졸업 고사를 치뤘다. 결국 그 친구들은 정학당했고 1주일 동안 학교에서 볼 수 없었다.

남학생과 미팅했다는 이유로 졸업 직전에 정학까지 당한 시절을 지금 아이들은 이해하지 못할 것이다. 하지만 그때는 영화는 물론, 빵집에 가고, 사복 입고 집 밖에 나가는 것조차도 허용되지 않았다. 규제가 심했지만 우리는 그런 생각도 해보지 않았다. 학칙이니 당연히 지켜야 하는 것이라 생각했다.

떨리는 마음으로 예비고사 성적표를 받았다. 생각만큼 점수가 좋지 않아 마음 놓고 원서를 내기에는 불안했다. 내신 성적을 믿고 교육 대학에 원서를 냈다. 만약 떨어지면 그것도 내 운명이려니 생각하고 공무원 시험을 봐야겠다 마음먹고 있었다. 합격하면 엄마의 짐을 조금이라도 덜 수 있어 좋겠지만 안되면 직장을 다니며 늦게라도 대학에 가야겠다 생각했다. 이런저런 생각으로 불안한데 하루에도 수십 번 이랬다저랬다 변덕을 부리는 마음때문에 더 힘들었다. 앞으로 내 인생이 어떻게 펼쳐질지, 떨어졌을 때 닥칠 일이 두렵기만 했다. 한 번도 집 떠난 적이 없었는데 엄마 곁을 떠나 생활한다는 것도 겁났다.

초조한 마음으로 합격 소식을 기다리며 천국과 지옥을 넘나들었다. 드디어 발표날, 합격자 명단에 이름이 있었다. 기뻤다. 우선 엄마 짐을 조금이라도 덜 수 있어 좋았다. 그동안의 걱정이 한순간에 날아갔다. 2차 면접시험은

형식적이었다. 아무리 그래도 처음 보는 면접시험이라 떨리기는 마찬가지였다. 춥고 눈까지 내려 눈길을 걸으며 시험장으로 가는 내내 몸과 마음이 꽁꽁 얼어 더 떨렸다. 40년이 지난 지금도 그때의 느낌이 고스란히 전해진다.

삶은 선택의 연속이다. 어떤 선택이든 그 결과는 본인이 책임져야 한다. 새로운 인생의 시작이었다. 그때의 선택으로 주어진 교사자격증이 고맙게도 지금 이 나이까지 일할 수 있게 했고, 부모님께 조금이나마 도움을 줄 수 있었다.

시험이란 어떤 이에게는 기회로, 스트레스로, 자존심으로, 두려움으로 다가온다. 시험이 없었으면 좋겠다고 말하는 아이의 마음을 이해할 수 있을 것 같다. 그렇지만 산다는 게 시험의 연속이고 경쟁 사회에서는 피할 수 없는 일이다. 지금도 수많은 사람이 자격시험, 입사 시험, 대학 입학시험 등을 앞두고 하루하루 자신과 싸운다. 불투명한 미래를 걱정하고 고민하며 시험에 합격하려고 노력하고 있을 모든 이에게 진심으로 행운이 함께하기를 빈다.

놀부 심보

4월은 어떤 이에게는 인생을 시작하는 의미 있는 달이기도 하지만, 4.19 혁명과 세월호 사건이 일어난 아픈 달이기도 하다. 많은 사람을 유혹했던 벚꽃이 지고 나니 철쭉과 꽃 잔디, 그 외 온갖 꽃들이 결혼의 계절임을 알린다. 아니나 다를까 여기저기서 청첩장이 도착한다. 코로나19로 고민도 많았겠지만 그래도 어쨌든 세상은 돌아간다. 결혼을 앞둔 신랑 신부의 설렘을 생각하며 육아하던 시절로 돌아가 보았다. 내 결혼기념일도 4월이다.

많은 부부가 준비 없이 부모가 된다. 나 또한 아무것도 모른 채 엄마가 되어 세 명의 아이를 키우느라 힘든 시간을 보냈다. 다시는 그 시절로 돌아가고 싶지 않다.

셋째가 태어나기 전 두 아이 키울 때 아침 출근 시간은 전쟁이었다. 자가

용이 없던 시절이라 학교까지 가는 버스를 타려면 서둘러야 했다. 아이들을 챙겨 근처에 사는 사촌 언니 집에 데려다주고 정류장까지 뛰었다. 빠르게 걸어도 20분이 넘게 걸린다. 아침 20분, 30분은 직장인들에게 금쪽같은 시간이다. 버스 놓치지 않으려고 날마다 마라톤을 했다. 한창 꾸미고 싶은 20대 후반에 육아에 지쳐 멋이고 뭐고 없었다. 내 한 몸 건사하고 다니기도 벅찼다. 새벽에 일어나 아이 챙기고 출근하고, 또 퇴근하면 집안일하고 아이가 잠들 때까지 쉴 틈이 없었다.

퇴근해 큰 애는 걸리고 작은 애는 빨간 포대기에 업고 집으로 돌아올 때쯤 동네 아주머니들이 삼삼오오 평상에 모여 놀고 있다. 멀리서 봐도 그들의 눈길이 나를 보고 있다는 걸 안다. 측은하다는 듯 쳐다보며 수군거린다. 반찬거리라도 사서 들고 오는 날이면 피곤에 찌들어 더 처졌는데 초라해 보일까 봐 일부러 꼿꼿이 걸었다. 말을 섞어보지 않아 어떤 대화를 나눴는지는 모르겠지만 그 시간 만큼은 피하고 싶었다.

그 시절 학교에는 '여교사회'가 있었다. 약간의 회비를 걷어 교장실 꽃꽂이와 인사하는 데 썼다. 또 여선생님들만 따로 1주일씩 당번을 정해 교장실과 교무실, 현관 주변 청소도 했다. 당번이 되면 30분은 일찍 출근해야 한다. 아이가 어리니 단 몇 분 일찍 출근한 것도 큰 부담이다. 왜 여자들만 해야 하는지 의문이 들었지만 선배들이 무서워 말 한마디 못했다. 그냥 전해 내려오는 관습이러니 했다. 대표를 맡은 부장 여선생님은 옷차림까지 간섭했다. 같이 근무하는 보건 선생님(그때는 양호 선생님이라 불렀다)이 간편한 점퍼를 입고 출근했는데 시장에 갈 때나 입는 잠바떼기를 걸쳤다며 면박을 주기도 했다. 여교사 품위를 손상했다는 것이다. 지금은 상상할 수 없는 일이다.

옛날에 비하면 비교할 수 없을 만큼 근무 환경이 좋아졌다. 금요일이면 많은 선생님이 조퇴하고 학교에 남은 사람이 별로 없다. 일이 있어 조퇴한다는데 뭐라고 할 사람은 없다. 한번은 교감 선생님이 교실로 찾아와 다 조퇴하고 갔으니 내게도 나이스에 올려놓고 집에 가라고 했다. 현재 학교 풍경이다. 그런데도 불평하는 사람들이 있다.

우리 때 육아 휴직은 2개월이다. 법으로 정해졌는데도 관리자 눈치를 봐야 했다. 둘째 낳고는 한 달 쉬고 출근했다. 그런다고 누가 알아준 것도 아닌데 그걸 다 누리지 못했다. 아파도 조퇴도 못하고 혼자 끙끙 앓았다. 그런 시절을 경험해서인지 지금도 웬만해서 조퇴하지 않는다.

육아 시간을 법으로 정해 눈치 보지 않고 마음대로 쓸 수 있도록 한 것은 아이를 키우며 직장에 나가는 부모에게는 단비 같은 제도다. 선생님들은 그 시간이 되면 사정 보지 않고 간다. 당연한 건데 왜 내 눈에는 이기적으로 보이는지 알 수가 없다. 관리자들 눈치 보느라 당연히 누려야 할 권리조차 포기하고 바보처럼 살아서인지 처음에는 적응이 안됐다. 하지만 종종거리며 힘들게 아이를 키워 봐서 그 시간이 얼마나 소중한지 안다.

과거에 이런 제도가 있었으면 나도 그 시간을 당연하게 누렸을 것이다. 그런데 후배들이 그 시간을 한도껏 이용한다고 거슬려했던 마음은 무슨 심보일까? 시집살이 당해 본 사람이 더 지독한 시어머니가 된다는 말이 괜히 나온 말이 아닌 가 보다.

내 팔자에

82년도에 대학을 졸업하고 처음 발령 받은 곳이 여천군 화양면이다. 지금은 넓은 도로도 생기고 관광지가 되었지만 그때는 건물 하나 없는 허허벌판에 비포장 도로로 교통까지 좋지 않았다. 집에서 학교까지 시내버스 포함 세번, 왕복 여섯 번을 타야 했다. 대학 다닐 때 빼고는 집을 떠나 보지도, 여행을 다녀본 적도 없어 어떻게 해야 할지 막막했다. 엄마 곁을 떠나 혼자서 생활하는 것은 겁나고 두려운 일이었다. 힘들기는 하겠지만 집에서 다니기로 했다.

첫 출근 날, 덜컹거리는 버스를 타고 떨리는 마음으로 학교에 갔다. 마을에서 꽤나 떨어져 있었고 버스에서 내려 5분쯤 걸어가야 했다. 구두에 걸리는 돌을 피해 교문에 들어서니 검정 고무신 신은 아이들이 보인다. 까까머리 남학생, 네모 단발 여학생이 나를 쳐다본다. 내가 사는 곳에서 보지 못한 아이들의 겉모습에 놀랐다. 교무실에는 또래 전주교대 출신 신규

여교사 2명이 먼저 와 있었다. 한결 마음이 놓였다. 둘은 관사에서 생활한다고 했다. 동무가 생겨 다행이었다. 부엌 하나 달랑 달린 그곳은 대문도 없었고 창문을 보호하는 창살도 없었다. 문단속을 잘하라는 교감 선생님 당부가 있었다. 옆 관사는 40대 남자 선생님 부부가 살았다. 학교는 넓었고 산과 밭이 따로 있었다. 뒷산에는 밤나무가 많아 가을이 되면 학생들과 밤을 딴다고 했다.

통근 버스를 놓치지 않으려면 일찍 서둘러야 했다. 여수에서 출발한 버스에는 화양면에 근무하는 교사들로 가득했다. 아침마다 아이들 이야기며 교장, 또 전날 학교에서 있었던 이야기로 시끌시끌하다. 학교가 하나씩 보이기 시작하면 차근차근 내렸다. 말하지 않아도 어떤 선생님이 어느 학교에 근무하는지 저절로 알게 되었다.

학부모들은 벼와 보리농사를 짓고 가까운 바다에 나가기도 했지만 주로 고구마를 심어 소주 원료인 빼갱이를 만들었다. 벼 심는 시기가 되면 못밥이라고 집집마다 돌아가며 선생님들을 초대했다. 매일 주민들과 한 상에 앉아 못밥을 먹었다. 지금이야 도다리 미역국이 유명하지만 나는 생선 넣은 미역국은 그때 처음 보았다. 모내기가 끝나고 고구마 심는 6월 초가 되면 현충일까지 연이어 농번기 방학을 했다. 이때는 아이들도 고구마 심는 부모님을 도와 일손을 보탰다. 고구마 수확 철이면 캔 자리에서 바로 잘라 흙 위에 널어 말린다. 뻣뻣하게 마를 때쯤이면 온 밭에 하얀 꽃이 피어 있는 것 같다. 순천이 큰 도시는 아니지만 모든 것이 처음 경험해 보는 일이었다.

4학년을 담임했다. 아이들은 아침에 일어나 세수도 하지 않고 전날 던져둔 가방을 그대로 들고 왔다. 손톱을 깎지 않아 긴 손톱 밑에 검은 때가 끼어 있고, 목 주변과 가슴팍에는 거뭇거뭇한 때가 그대로 보였다. 몸속은 보지 않아도 뻔하다. 학교 뒤 저수지로 데리고 가 얼굴과 목 주변을 씻기기도 했는데 지금 생각하면 위험한 일이었다. 용의 검사를 수시로 해도 소용없다. 부모님들은 농사와 바닷일하느라 아이에게 신경 쓸 겨를이 없었다. 아이들은 공부보다 학교 끝나면 대부분이 뱀을 잡아 돌리면서 놀기도 하고, 바다에 낚시하러 가기도 했는데 도무지 무서움이 없었다.

가을 운동회는 마을의 큰 잔치였다. 학년별 무용, 매스 게임, 기마전, 인간탑 쌓기, 부채춤, 소고놀이, 줄다리기, 이어달리기가 필수였다. 선생님들은 준비하느라 9월 초부터 한 달 이상을 매일 뙤약볕이 내리쬐는 운동장에서 연습했다. 선생님도 아이들도 시커멓게 탔다.

늦은 시간까지 운동회 연습하느라 피곤해 관사에서 자는 날이 잦아졌다. 날마다 시간에 쫓기다 약간 여유가 생기니 처음에는 적응이 안됐다. 셋은 마을 주변을 둘러보기도 하고 화단에 걸터앉아 노을을 보며 대학 시절 이야기를 하기도 했다. 차츰 시간을 즐기다 보니 마음도 편했다. 무엇보다 새벽 일찍 일어나 서두르지 않아도 되고, 잠을 충분히 잘 수 있어 좋았다. 관사에서 친구와 같이 살고 싶었다. 엄마에게 허락을 받고 간단하게 옷가지만 챙겨 들어왔다. 자유를 얻었다.

그곳 생활은 만족스러웠다. 한 친구는 옆 학교 남자 선생님과 연애하느라 거의 매일 여수로 나가고 둘은 운동장으로, 뒷산으로 돌아다니며 그 친구를 기다렸다. 결국 친구의 배신으로 헤어져 화양면이 한동안 시끄러웠지만 밤늦게까지 연애담을 듣는 것이 또 하나 우리의 낙이었다. 여유 있는 생활 덕분인지 얼굴 좋아졌다는 말도 자주 들었다.

그러던 어느 날, 잠결에 창문 달그락거리는 소리가 들렸다. 꿈인가 하고 눈을 떠 귀기울이니 누군가 문을 열려고 창을 흔드는 게 보인다. 심장이 오그라들었다. 무서워 말도 나오지 않고 그대로 얼어붙었다. 가끔 시골이나 섬으로 발령받은 친구들이 좋지 않은 일을 당했다는 말을 들었던 터라 정신을 차리고 잠에 빠진 옆 친구를 깨웠다. 어둠 속에 눈을 뜬 친구에게 손가락으로 창문을 가리켰다. 사람 그림자가 보였다. 놀란 친구가 누구냐고 소리를 지르니 도망가는 발소리가 들렸다. 우리는 앉아서 밤을 꼬박 새웠다. 여름이라 덥다고 창문을 열어 놓고 잠이 들었으면 어쩔 뻔했을까 생각하니 단 하루도 그곳에 있고 싶지 않았다.

마을과 상당히 떨어져 있는 학교 주변에는 버스 정류장 앞에 조그만 상점이 하나 있을 뿐 아무것도 없었다. 가끔 마을 청년들이 학교에 놀러 오기는 했지만 마을로 한 번도 내려가 보지 않았다. 교장, 교감에게 밤에 있었던 일을 이야기했지만 뾰족한 방법은 없었다. 문단속만 철저히 하라고 했다. 나는 그날로 짐을 싸들고 나왔다. 무섭고 겁이 나 하루도 있을 수가 없었다. 시간에 쫓기는 피곤한 생활을 다시 시작했지만 집에서 다닐 수 있는 것만으로도 감사했다.

태어나 처음으로 맛본 내 자유는 그 사건을 계기로 끝이 났다. 그 후로 지금까지 혼자 사는 자유는 한 번도 누리지 못했다. 가끔 아무도 없는 혼자만의 시간이 그리울 때도 있지만 그냥 상상하는 것으로 만족한다.

2부
오케이 목장의 결투

누구나 한때는 있었는데
마지막 선물
언니 잘 가
엄마의 기도
작별
아버지와 휠체어
오케이 목장의 결투
소박한 당부
독박 육아
내리 사랑
딸에게
기특한 막내
자기 말이 법이냐고
1가구2주택

누구나 한때는 있었는데

시댁에 들렀다. 94세 동갑내기로 움직임이 자유롭지 못하고 치매로 고생하는 시어머니와 곁에서 돌보는 정정한 시아버지에게서 인생무상을 느낀다. 젊어서 고생시킨 것이 미안했는지 아버님은 군말 없이 온몸으로 견디며 어머님을 수발한다. 세월 이길 장사 없다고 늙고 병든 모습이 안쓰럽다.

무거운 마음을 뒤로하고 친정엄마에게 갔다. 아픈 모습으로 추석을 맞은지 올해로 3년째다. 명절 지내러 온 오빠 부부와 교대하고 다음 날 간병인이 올 때까지 내가 엄마 곁에 있어야 한다. 엄마는 84세로 몇 년 전 육종암 판정을 받았다. 여든이 넘은 나이에 스무 번이 넘는 방사선 치료 받느라 힘든 시간을 보냈다. 퇴원 후 자신도 모르게 온몸이 떨리는 무도증(舞蹈症)이라는 희귀한 병까지 겹쳐 정상적인 생활을 못하고 하루 종일 누워 계신다. 평일은 간병인과 생활하고 주말(토, 일요일)이면 자식들이 교대로 엄마를 돌본다.

그 나이대의 모든 어머니가 그랬듯 엄마도 6남매 키우고 대학까지 보내느라 고생을 많이 하셨다. 우리가 열심히 공부하는 힘이 되었다. 새벽 네 시면 일어나 하루도 거르지 않고 새벽 기도를 다녔고 자식들에게 혹여 짐이라도 될까 걷기 운동도 열심히 했다. 그런 것도 암이라는 무서운 병 앞에서는 아무 소용이 없었다. 어느 날은 걷다가 쉬면서, 어느 날은 선암사에서, 또 어떤 날은 섬이라며 딸인 내게 전화한다. 잘했다고 재미있게 놀다 오라는 대답으로 전화를 끊는다. 그렇게 하루하루 최선을 다해 열심히 살았는데 지금은 물어보는 말만 대답할 뿐 다 귀찮아한다. 수술하고 몇 개월 만에 마음대로 움직일 수 없는 자신을 생각하면 한없이 우울하고 받아들이기 힘들 것이다. 우리도 그런데 본인은 오죽할까.

인생에 가정은 없지만 가끔은 방사선 치료를 하지 않았으면 지금보다는 삶의 질이 좋지 않았을까 생각한다. 나으려고 했던 수술인데 아쉽기만 하다. 조금 덜 살더라도 건강한 엄마로 우리 곁에 있으면서 같이 여행도 다니고, 나와 말다툼도 하고, 자식과 손자들이 있는 서울 나들이도 다녔으면 얼마나 좋을까 상상도 한다. 그런데 엄마에게 먹을 것 사주는 것 외에 할 수 있는 것이 아무것도 없다.

딸보다 아들, 그중 막내아들을 유난히 사랑하는 엄마는 명절이 돌아오면 며칠 전부터 아들이 좋아하는 생선, 밤, 게 등 이것저것 준비하느라 바쁘다. 요즈음은 먹을 것이 천지라 못 먹고 사는 사람 없으니 너무 그러지 말라고 하는데도 소용없다. 선산 벌초까지 일일이 챙기며 일하시는 분 간식까지 사 들고 산으로 점검하러 다니던 총기 가득한 엄마는 어디 갔는지 애닮다. 정작 어려운 집안일 대부분은 가까이 사는 내가 다 하는데도 엄마는 그런 것에 아랑곳하지 않는다. 가끔 서운한 마음을 비치긴 하지만 엄마의 아들 사랑하는 마음을 충분히 이해한다. 가족들 일이면 욕심부리지 않고 모든 것을 양보했던 나를 항상 자랑스러워했고 믿음직스러워했다.

오빠 부부를 보내고 누워 있는 엄마에게 화투를 치자고 했다. 혹시 웃는 얼굴을 볼 수 있을까 이런저런 말을 걸어도 한마디 "몰라"라고 하신다. 아프고부터 자주 하는 말이다. 몇 판 하다 허리가 아프다고 다시 눕는다. 옷장 손잡이로 눈이 갔다. 엄마가 좋아한 붉은색 예쁜 옷이 걸렸다. 아마 건강해지면 교회 갈 때 입으려고 걸어놓았나 보다. '저 고운 옷을 다시 입을 수 있을까?'라는 생각에 가슴이 저려온다. 점점 기력이 떨어지고 조금만 걸어도 숨이 차는데 엄마는 다시 건강해질 거라는 희망을 버리지 않는다. 우리가 어떻게 해야 다시 옛날처럼 웃을 수 있을까 이런저런 생각에 늦도록 잠들지 못했다.

건강하게 노년을 맞이하면 더할 나위 없이 좋겠지만 인생이 마음먹은 대로 되지 않아 걱정이다. 정도의 차이는 있겠지만 시부모님과 엄마에게서 우리 자화상을 본다. 두 분 다 과거 빛나는 한때가 있었을 텐데 병만 남기고 간 세월이 야속하다. 아무 걱정 없이 깔깔거리며 엄마와 했던 평범한 대화가 그립다. 건강한 목소리로 "우리 딸 왔는가?", "우리 딸은 못하는 게 없어. 우리 딸이 최고다."라고 건네는 말을 다시 듣고 싶다. 엄마와 함께하는 추석을 나는 몇 번이나 더 맞이할 수 있을까?

마지막 선물

봄이지만 찬 기운이 여전하다. 4월 2일, 95세를 일기로 시어머니가 돌아가셨다. 치매로 몇 달 고생하다 남편과 아들, 며느리 곁에서 편안히 이승의 끈을 놓았다. 연락받고 부리나케 병원으로 갔다. 가족 모두 진즉부터 마음 준비를 했던 터라 곡소리는 나지 않았다. 남편이 들으면 서운하겠지만 고령에다 아무래도 시어머니라 친정엄마만큼 마음 아프지는 않았다. 며느리와 딸의 차이인가 보다.

보성 율어가 고향인 어머니는 남편 될 사람 얼굴 한번 보지 못하고 외서면 가난한 산골로 시집와 고생을 많이 하셨다. 아버님은 철도 공무원으로 순천에서 근무했다. 시아버지는 풍채도 좋고 미남인데 반해 어머니는 키도 작고 촌스러웠다. 외모로 보면 많이 기울었다. 후에 페인트 사업을 해 재산을 많이 불렸지만 남편도 없는 시집에서 대가족과 함께 사느라 죽도록 일만 했다고 한다. 그러다 남편 직장이 있는 순천으로 나오게 되었다. 찢어지게 가난한 깡촌(외서 오지)에 비하면 순천은 대도시다. 시동생과 조카들이 줄줄이 어머니 밑으로 와 고등학교를 다녔다. 잔정도 없고 무뚝뚝한 아버님은 본인 말이 법인 사람이다. 대꾸라도 한마디 하면 불호령이 떨어지는 권위적인 시아버지 그늘에서 6남매와 시댁 식구 뒤치다꺼리를 다 했으니 마음고생이 이만저만이 아니었을 것이다. 결혼 생활이 어땠을까 짐작하고도 남았다. 가슴 속에 한도 많았을 것이다.

어머니는 체구는 작아도 부지런하고 손끝이 야무지며 배포도 컸다. 재산이 불어난 것도 어머님이 순간순간 결단을 잘한 덕분이라고 했다. 90세가 되어 거동이 불편해지면서 집안일에서 아예 손을 떼셨다. 그러면서 그동안 가슴에 쌓아 두었던 서운하고 억울했던 일을 앙갚음이라도 하듯 아버님에게 버럭버럭 소리를 질렀다. 말 한마디 좋게 하지 않고 아버님이 하는 말에 청개구리 마냥 반대로 행동하며 어깃장을 놓았다.

어머님은 며느리들에게 가끔 자신이 살아 온 이야기를 하고는 아버님을 가리키며 고개를 절레절레 흔드셨다. 일꾼처럼 일만 하는 아내에게 다정한 말 한마디 없는 남편이 야속하다 못해 미웠을 것이다. 아버님은 이제야 젊은 시절 잘못을 깨달았는지 짜증 한번 내지 않고 허허 웃으며 어머님의 행동을 다 받아 주셨다. 치매가 서서히 진행되자 요양 병원으로 모시자고 해도 본인이 간호한다며 고집부려 집에서 생활하셨다.

하루 종일 "침대에 눕혀라", "일으켜라"를 반복하며 잠시도 쉴 틈을 주지 않았다. 90여 년의 시간 속 어떤 시절을 안간힘으로 기억하며 그런 행동을 하는지 아버님도 서서히 지쳐갔다. 뒤죽박죽된 머릿속에선 인생 어떤 장면을 가장 행복하게 기억할까. 정갈하고 야무졌던 얼굴이 검은 반점으로 덮여 낯설어질 즈음 가족들이 식탁에서 밥 먹는 사이 혼자 조용히 가셨다.

돌아가실 때까지 몇 년 되지는 않지만 젊은 시절 아버님에게 맺힌 한을 소리 지르는 것으로 대신하며 묘순(어머님 이름) 공주로 사셨다. 퇴직한 남편(셋째 아들)도 날마다 드나들며 지극정성으로 돌봤다. 살아온 인생을 생각하면 불쌍하고 짠하지만 자식들 효도와 남편 간호는 원 없이 받고 가셔서 한은 어느 정도 풀리지 않았을까 싶다.

며칠 전 어버이날, 안양 사는 둘째 시누이가 왔다. 혼자 된 아버지가 마음이 쓰였나 보다. 고등학교와 대학교 1년 선배로 처녀 적 같은 학교 근무하며 친하게 지냈다. 착하고 인정 많아 좋아하던 언니로 자기 오빠를 소개해 줘 식구가 됐다. 지금도 가족들에게는 아낌없이 주머니를 푼다. 그런 사이였는데 시부모님께 서운한 일이 생기면서 거리를 두었고, 직업 군인이던 남편 따라 경기도로 학교를 옮기면서 더 멀어졌다. 방학이면 내려와 어머니랑 일주일씩 지내다 가지만 나는 잠깐 들러 밥만 한 끼 먹고 와

버리곤 했다. 내려온 김에 친구도 만나고 며칠 쉬어 간다기에 우리 집에서 지내자고 했다.

시누이는 이틀을 쉬고 갔다. 이사 온 지 14년이나 되었지만 아파트 입주 때 한 번, 이번이 두 번째다. 맛있는 음식도 먹고, 산책도 하며, 오빠인 남편 욕도 했다. 마음속에 감춰 둔 서운했던 일을 풀며 새벽까지 이야기를 나눴다. 시누이와 올케가 아니라 같은 학교 근무했던 친한 언니를 만나 옛 시절로 돌아간 것 같았다.

친구처럼 가까이 지낼 수 있는 사이인데 시집 식구라는 틀 속으로 밀어 넣으며 아무런 노력도 하지 않았다. 긴 세월, 오빠 집에 겨우 두 번이라니 참 무심했다. 직장 때문에 바쁘다는 것은 핑계다. 뭐가 그렇게 서운한 게 많아 스스로 벽을 만들었는지, 모든 게 욕심 때문이 아니었나 반성한다.

시누이가 쉬다 가니 뿌듯했다. 어머니가 아니었으면 우리가 한자리에 앉아 지난날을 얘기할 수 있었을까. 마지막으로 가시며 남긴 선물이라 생각한다. 살아서는 가족에게 모든 걸 내주셨고, 저세상 가면서는 남은 식구 우애 있게 살라며 자리를 마련해 주신 것 같다. 황금 침대에 앉아 웃는 꿈을 꾸었다는 시누이 말을 들으니 마음이 놓인다.

언니 잘 가

한낮 더위가 사람을 지치게 하더니 아침저녁으로 제법 선선한 바람이 분다. 도로에 차가 많아진 걸 보니 명절이긴 한가 보다. 남편 친구 부부와 점심을 먹고 있는데 손위 언니에게 전화가 왔다. 요양 병원에 있는 큰언니가 위독해 마지막이 될지 모르니 얼굴이라도 보라고 연락이 왔다며 혼자 다녀오겠다고 한다. 아무리 그래도 그렇지 위독하다는데, 또 마지막이 될지도 모른다는데 같이 가자고 했다.

병원에 도착하니 코로나 검사를 하고 결과가 나와야 면회가 된다고 한다. 30분을 기다리고 나서야 비로소 머리부터 발끝까지 중무장하고 병실로 들어갈 수 있었다. 아무도 돌보는 사람 없이 한쪽에 방치되어 산소 호흡기를 꽂은 언니는 힘겹게 가쁜 숨을 몰아쉬었다. 얼굴은 벌겋게 달아올랐고, 입을 벌리고 혀는 목 안으로 말려 들어가 있었다. 가까이 가서 손을 잡으며 부르니 고개를 돌려 한참을 쳐다본다. 이미 손과 발은 얼음장이다. 오늘 밤을 넘기기 힘들어 보였다. 죽어가는 게 보였다.

수간호사는 폐렴이 심해 항생제를 썼고 열은 없다고 했다. 규칙상 면회는 오래 할 수 없으니 5분만 더 시간을 준다며 재촉한다. 쫓기듯 병실을 나오는데 발길이 떨어지지 않는다. 힘들게 숨을 이어가는 언니를 혼자 두고 가버리면 두고두고 후회할 것 같았다. 다른 병원(성가롤로, 순천의료원)으로 옮겨 치료라도 받게 하고 싶다고 수간호사에게 도와 달라고 사정했다. 여러 곳을 알아봤는데 받아 주지 않는다고 한다. 코로나 시국이라 병원 옮기는 것도 쉽지 않았다. 환자를 데리고 병원 찾아 돌아다니다 결국 차에서 죽었다는 뉴스가 남 일이 아니었다. 하필 추석 연휴라 의사도 없고 모든 조건이 최악이다.

큰언니는 엄마의 아픈 손가락이다. 6남매 큰딸로 부모님의 기대에 부응하듯 공부도 잘하고 동네에 소문이 자자할 만큼 뛰어났다. 대학을 졸업할 무렵부터 갑상선 비대증이란 병으로 아프더니 우울증, 폐병 등 한순간도 병에서 놓여나지 못하고 예순여섯이 된 지금까지 죽음의 문턱을 넘나들며 어렵게 생명을 이어오고 있었다. 병원을 집처럼 드나들며 살았다. 그래서 가족이 없다. 엄마가 건강할 때는 간호를 했는데 3년 전 얻은 암 때문에 가까이 사는 언니와 내가 두 사람을 돌본다. 그나마 기초 수급자로 등록되어 경제적인 부담은 덜 수 있었다.

다행히 성가롤로 병원에서 받아 준다고 해 앰불런스로 이동했다. 응급실 앞에서 기다리니 간호사가 이것저것 물어보며 열을 재더니 높다고 한다. 폐렴인데 열이 없다는 게 이상하다고 생각했지만 요양 병원 간호사가 우기니 그런가 보다 했는데 알고 보니 한 번도 재지 않고 손발이 차니 없다고 한 것이었다. 간호사 선생님은 이해할 수 없다는 듯 몇 번을 확인한다. 해열제와 항생제만 제때 처방했어도 위독하지는 않았을 텐데 방치했다는 생각이 들었다.

1인 격리실에서 여러 가지를 검사했다. 간호할 사람이 없어 둘이 꼼짝없이 매여있어야 할 판이다. 명절이라 시댁에 가서 일도 하고, 언니도 아들 며느리 손자까지 오는데, 이런저런 생각에 머리가 깨질 것 같다. 사경을 헤매는 사람 앞에서 현실적인 걱정을 하니 마음이 더 복잡해진다.

교대하고 돌아오며 큰언니의 인생을 생각하니 가슴이 저며온다. 몇 학년 때인지 모르겠지만 초등학교 다닐 때 언니가 다니던 여고 상담실에 여러 번 찾아갔던 일이 아직도 생생하게 기억난다. 변해가는 얼굴을 볼 때마다 세일러복과 하얀 여름 교복을 입고 상담실에서 선생님, 친구들과 둘러앉아 웃고 있는 정갈했던 모습이 생각나 더 안타깝다. 아직 어린 내게 대학 이야기를 해 주며 광주로 예비고사 보러 간다고 준비하던 게 생각났다. 그렇게 꿈 많던 언니가 병원만 전전하다 쓸쓸히 죽음을 맞이한다 생각하니 억울하고 분해 내가 믿는 하나님을 붙잡고 어떻게 저런 삶을 줬냐고 따지고 싶었다. 아니 그동안 기도할 때마다 많이 따졌다. 기독교인이지만 언니의 삶을 보며 사람에게는 가지고 태어난 팔자가 있고, 환경이 생각까지 지배하게 된다고 굳게 믿게 되었다.

아침에 병원에 있는 손위 언니에게 전화하니 다행히 호흡은 안정되었다고 한다. 하지만 그때 잠깐 짧은 대화를 하며 엄마를 찾는 것을 끝으로 혼수상태에 빠졌다. 불안한 사흘을 보내고 수요일 아침 마지막 임종이라도 지키라며 빨리 병원으로 오라고 한다.

병실에 들어서 힘겹게 숨을 이어가는 큰언니 손을 잡고 마음을 다해 기도했다. '좋은 곳으로 가 건강한 몸으로 가고 싶은 곳, 하고 싶은 것 마음껏 하고, 좋은 사람 만나 행복하게 살아. 그리고 다음 생에는 복이 가득한 인생으로 태어났으면 좋겠어.'라고 몇 번이고 되뇌었다. 66년 인생에서 벅차게 기뻤던 적이 있었는지, 죽을 고비를 그렇게 많이 넘겼으면 행복한 생활 한 번이라도 하고 가지, 그랬으면 이렇게 마음 아프지는 않을 텐데 볼을 타고 흐르는 눈물을 주체할 수가 없었다.

언니는 더 이상 눈을 뜨지 못하고 옷 한 벌과 컵, 화장지, 수건, 칫솔 한 개가 든 종이 가방 하나만을 남긴 채 떠났다. 세상에 사연 없는 사람이 어디 있겠는가마는 우리 가족에게는 가슴을 칠 만큼 파란만장한 삶이다. 내 능력으로 어떤 것도 할 수 없어 더 절망스러웠다.

투병 중인 엄마에게는 비밀로 하고 1일장으로 화장해 추모 공원에 모셨다. 이런 일이 생기면 다들 그동안 못했던 것을 후회한다. 바쁘다는 핑계로 언니의 외로움을 한 번이라도 돌아봤는지 무심했던 나를 반성한다. 순간순간 마음이 변하기도 하고, 힘들어 짜증날 때도 있겠지만 가족과 주변 사람에게 잘해야겠다고 다시 한번 다짐한다.

"언니 잘 가. 다음에 웃는 얼굴로 만나 어릴 적 이야기 많이 하자. 그곳에서는 편안했으면 좋겠어."

엄마의 기도

엄마가 평소 같지 않다는 간병인의 전화를 받고 급히 집으로 갔다. 며칠 못 본 사이 살이 빠지고 얼굴이 푹 꺼져 이상하게 변해 있었다. 며칠 전 화장실에서 넘어져 앞머리를 찧었다며 오른쪽 이마에서 눈 아래까지 검게 멍이 들었고 숨소리가 거칠면서 가래가 있었다. 돌아가신 큰언니의 마지막 숨소리와 비슷했다. 소식을 듣고 집으로 오는 언니에게 병원으로 옮겨야겠다고 했다. 119를 불러 이동했다. 코로나 때문에 간병인 외에는 아무도 들여보내 주지 않았다. 검사하는 동안 중요한 판단을 할 일이 생길까 봐 언니가 들어갔다.

새벽 세시쯤 전화가 왔다. 신장이 많이 망가졌고 칼륨 수치가 높아 위험했다는 것이다. 병원에 모시고 오길 잘했다며 그 시간까지도 검사가 진행 중이라고 했다. 언니 목소리는 잠겨 있었다.

엄마는 3년 전 희귀암인 육종암 선고를 받고 투병 중이다. 가끔씩 갈비뼈 아래가 아프다고 해 막냇동생이 운영하는 병원에서 정밀 검사를 했다. 동생은 암인 것 같다며 세브란스 병원 흉부외과 교수인 친구를 소개해 주었다. 그곳에서 갈비뼈 세 개와 부근 근육을 다 잘라내는 큰 수술과 방사선 치료 25회 중 18회를 받았다. 80이 넘은 고령에 방사선은 무리였는지 무도증(舞蹈症)이라는 듣도 보도 못한 희한한 병까지 얻었다. 자신의 의지와는 상관없이 몸이 마음대로 움직인다고 해 붙여진 이름이다. 더 이상은 견디지 못할 것 같아 방사선 치료를 중단하고 집으로 모시고 왔다. 몸이 마음대로 움직이면 땀을 뻘뻘 흘리면서 힘들어하는 엄마에게 자식인 우리가 해 줄 수 있는 것은 증상이 나타나지 않게 하는 약을 주는 것뿐이었다.

하루하루 변해 가는 얼굴을 보면서 자신감과 카리스마 넘치며 여장부로 생활하던 건강했던 지난 시절이 생각나 마음이 아렸다. 한복 바느질로 우리 6남매를 대학까지 보냈고, 사고로 목뼈가 부러져 전신 마비가 된 아버지를 12년 동안 수발했다. 고생을 알았는지 장한 어머니 표창까지 받았다. 경제 능력이 없던 아버지 대신 가장이 돼 밤이고 낮이고 일만 했던 엄마는 이제 겨우 자식들 효도 받으며 살 만해지니 병이 들었다.

지금이야 결혼할 때 한복을 빌려 입지만 7-80년대는 신랑, 신부, 시부모, 친정 부모까지 여러 벌의 옷을 했다. 가을, 겨울철이 되면 우리 집에는 한복하려는 손님으로 북적였다. 엄마는 약속 날짜를 맞추려고 밤을 새워 일했다. 꼼꼼하고 한 번도 약속을 어기지 않아서인지 입소문이 나면서 여름을 제외하고 밤낮없이 재봉틀 소리가 들렸다. 날마다 잠도 자지 못하고 쉴 틈 없이 한복을 짓는 엄마가 안쓰러워 늦은 시간까지 시침질, 옷고름 다림질 등 잔손 가는 것을 도와주기도 했다. 아침이면 퉁퉁 부은 얼굴로 우리 도시락을 쌌다.

엄마에게 큰딸은 희망이었지만 대학 졸업하고부터 아프기 시작해 예순여섯인 지금까지 병원에서 생활한다. 모든 것을 혼자 감당하며 어두운 터널을 건넜고 그런 중에도 하루도 거르지 않고 새벽 기도를 다녔다. 짐작하건대 엄마가 붙잡고 매달릴 존재는 하나님밖에 없었을 것이다. 작은 체구로 단단하게 자식 여섯을 키워 내셨고, 아버지 손발이 되었으며, 권사님으로 교회 봉사도 열심히 했다. 새벽마다 하나님께 구했던 간절한 기도와 무너지지 않았던 정신력 덕분인지 우리 6남매는 열심히 공부했고, 성실하고 책임감과 생활력 강한 어른이 되었다.

고등학교 시절 나는 엄마를 기쁘게 하려고 열심히 공부했다. 동생들도 아마 그랬을 것이다. 서로 말은 하지 않았지만 우리가 엄마에게 해 줄 수 있는 게 공부밖에 없었다. 다른 세상은 구경도 못하고 하루 종일 재봉틀만 돌리는 엄마가 안쓰럽고 고달파 보였고, 남편 월급으로 생활하는 친구 엄마가 부러웠다. 나도 엄마 같은 고달픈 인생을 살까 봐 두려웠다.

그런 엄마가 병마와 싸우며 하루하루 무너져 간다. 언제까지나 건강하게 우리 곁에서 호령할 것만 같았는데, 이제는 옆 사람 도움 없이는 아무 것도 못한다. 얼마 전부터 수술한 곳 주변이 아프다기에 어렵게 서울 동생 병원으로 모시고 가 검사했더니 암이 다시 도졌다고 했다. 통증이 한 번씩 오면 땀을 비 오듯 흘리며 "살려 주세요!"라며 비명을 지른다. 그런 엄마에게 아무것도 해 줄 수 없어 더 고통스럽다. 몸을 붙잡고 진통제 주는 것밖에.

젊은 시절 돈도 없고, 사는 게 힘들어 모든 것을 포기하고 도망가고 싶은 적도 있었다고 했다. 하지만 자식이 눈에 밟혀 마음을 다잡고 가정을 지켰고, 이제는 남들이 부러워할 만하니 다시 수렁으로 빠졌다. 몸이 가루가 되도록 고생한 끝이 기껏 이것밖에 안 되는지 한동안은 모든 게 원망스러웠다.

엄마의 기도는 오늘도 계속된다. 살고 싶은 발버둥일 것이다. 그 모습이 더 애닯다. 더 이상 좋아지지 않고 죽음이 가까이 보이는데 하나님께 무엇을 구하시는 걸까. 이대로 우리 곁을 떠날까 두렵다. 누구에게나 엄마는 각별하지만 우리 6남매에게는 더 그렇다. 조금의 보상이라도 받았으면 좋으련만 엄마에게 인생은 왜 이리 고달프기만 한지 하나님께 묻고 싶다. 하늘에서 받은 복이 여기까지고, 세상에 밀알이 되라는 사명만을 띠고 태어났다고 생각하자며 스스로에게 주문을 건다. 남은 생이 얼마가 될지 모르겠지만 아픔 없이 편안히 가셨으면 좋겠다. 마지막으로 그 복 하나만이라도 허락해 주기를 소망한다.

"엄마가 사모하는 하나님! 자신의 삶보다 자식과 가정을 위해 온몸을 불사르며 진실하게 살아 온 당신의 딸을 지금껏 지켜보셨으니 잘 아시리라 믿습니다. 큰 것 바라지 않습니다. 사랑하는 딸 최옥례 여사님 아픔 없이 편안하게 마지막을 맞이하기를 간절히 간절히 원합니다."

작별

불안한 마음으로 며칠을 보냈다. 지난번에도 폐렴 증상으로 병원에 실려 갔는데 치료하고 다시 집으로 돌아오셨다. 중환자실로 옮겼다고는 하지만 이번에도 괜찮을 거라 믿었다. 점심 먹고 공문을 보는데 간병인의 다급한 전화다. "엄마"라는 말 외에 다른 것은 들리지 않았다. 반사적으로 몸을 일으켰다. 가방을 들고 병원으로 달렸다. 이번에는 위험한가 보다.

'병원 도착하기 전에 엄마가 돌아가시면 어쩌지?' 떨리는 마음으로 속력을 냈다. "엄마 제발 기다려 줘. 우리 도착하기 전에 가면 안돼. 마지막 작별 인사라도 해야지." 운전하는 내내 중얼거렸다. 도중에 언니에게 전화가 왔나. 갑자기 심장지가 와 심폐 소생술로 거우 심장이 뛴다며 자식들 올 때까지만이라도 생명을 유지해 주라고 했단다. 혈압이 최저로 떨어지지 않도록 약물을 넣었으나 오늘 밤을 넘기기 힘들다고 말한다.

중환자실 앞은 언니와 간병인 둘뿐, 조용하다. 간간이 간호사에게 엄마의 상태를 물었다. 혈압이 떨어져 다시 약물을 넣어 올라가긴 했지만 의식은 없고, 약 기운이 떨어지면 어떻게 될지 모른다고 한다. 나는 언니에게 "우리 엄마가 어떤 사람인데, 오빠와 동생들이 올 때까지 버틸 거야. 자식을 안 보고 그냥 갈 엄마가 아니야!"라고 말했다.

초조한 마음으로 엘리베이터를 보는데, 아홉 시가 넘으니 마지막으로 막냇동생이 들어온다. 중환자실 벨을 눌렀다. 간호사가 둘씩 들어오라고 한다. 오빠 부부, 막냇동생 부부, 우리 부부, 여동생 부부, 언니 부부, 조카들 순서로 들어갔다. 기다리면서 요 며칠간 엄마의 상태를 하나하나 기억해 봤다. 앉지도 못할 만큼 힘이 없었고, 불러도 겨우 눈만 뜨고 말을 못했다.

우리 부부 차례다. 여러 가지 기계를 달고 힘겹게 숨만 쉬는 엄마를 불렀다. 손을 잡으며 귀에 대고 큰 소리로 말했다. "엄마, 그동안 고생 많았고 우리 잘 키워줘서 고마워. 사랑해. 사랑해. 언니랑 아버지 만나서 기다리고 있으면 다음에 갈게. 그때 다시 만나." 다시 한번 엄마를 부르며 얼굴을 보니 한쪽 눈을 뜨면서 무슨 말을 하려고 "음", "음" 소리를 냈다. 우리 만나려고 의식이 돌아왔나 생각하며 나왔다.

울고 있는 막냇동생에게 그 말을 하니 의식이 조금 돌아왔다고 했다. 간호사는 혈압이 약간 올랐다며 밤에 당장 돌아가실 것 같지 않으니 집에 가서 기다리라고 한다. 혹시 몰라 중환자실 앞에서 밤을 꼬박 새고 새벽이 되자 다들 각자의 집으로 돌아갔다.

토요일 저녁을 먹고 글쓰기를 하는데 언니에게 전화가 왔다. 엄마가 위독하다며 오늘 밤을 넘기기 힘드니 임종을 해야 한다며 빨리 오라고 한다. 언니와 함께 중환자실로 들어갔다. 엄마는 어제와 다른 유리문으로 된 방에 누워 있었다. 임종하는 방인 것 같다. 의식은 아예 없고 힘들게 숨을 들이마시며 깊은 잠에 빠져 있었다. 혈압이 점점 떨어지고 손발은 차가웠다. 이제는 진짜 작별할 시간이었다. 나는 언니에게 어젯밤 엄마와 인사했으니 돌아가시면 연락하자고 했다. 오빠와 동생들은 짐도 풀지 못하고 올라가자마자 다시 내려와야 했다.

엄마의 마지막 모습을 놓치고 싶지 않아 얼굴, 귀, 어깨, 가슴, 배, 다리, 손가락, 발가락까지 하나하나 만지며 머릿속에 담았다. 숨을 마시고 뱉는 시간이 길어진다. 얼마나 지났을까 미간을 약간 찌푸리더니 팔딱팔딱 불규칙하게 뛰던 오른쪽 목 아래 동맥이 움직이지 않는다. 동시에 혈압과 심장 박동을 표시한 응급 장비의 녹색과 빨간색 줄이 차례로 멈춘다. 내가 본 엄마의 마지막 모습이었다. 2021년 12월 11일 22시 19분 의사 선생님의 사망 선고가 있었다.

엄마는 우리에게 마지막 작별 인사할 시간을 만들어 주셨다. 살아서는 우리 거름이 되었고, 생을 마감하면서는 자식들 가슴에 미련 남기지 않게 하려고 하루를 버텼을 것이다. 충분히 그러고도 남을 엄마다. 마지막 우리 마음을 전할 수 있어서 얼마나 다행인지 모른다. 그런 시간이 없었다면 임종을 보지 못한 오빠와 동생들은 평생 가슴에 한으로 남았을 것이다.

장례는 4일장으로 치렀다. 엄마는 당신이 손수 만든 연한 꽃무늬 본견(실크) 수의를 입고 화장터로 가셨다. 그리고 아버지 곁에 모셨다. 내내 즐겨 부르던 찬송과 목사님 기도가 끊이지 않아 행복했을 것이다. 당신이 사모하는 하나님 곁에서 평안을 누리실 거라 믿는다. 우리는 흙 대신 전날 만든 국화 꽃가루를 뿌려 드렸다. 내 기도대로 의사인 동생이 보내 준 진통제 덕분에 암으로 큰 아픔은 없이 가셨다.

며칠 전까지 불렀던 엄마가 곁에 없다. 지금도 전화로 내 이름을 부를 것 같다. 사랑하는 사람이 순간 한 줌 재로 변한 걸 보니 산다는 게 허망하다. 하늘나라에서 석 달 전 먼저 간 언니를 보면 얼마나 놀랄까? 동생들 힘들게 한다며 자신보다 먼저 가기를 기도했는데 엄마의 바람대로 되어서 한숨 놓을까?

한동안은 엄마가 많이 생각날 것이다. 지금도 일하다가, 운전하다가도 뜬금없이 눈물이 난다. 엄마를 알던 사람을 보면 더 울컥한다. 그래도 마지막을 자식들 배웅받으며 가서서 그것으로 위안삼으려 한다.

2021년은 내게 가장 기쁘고 슬픈 해이다. 큰아들이 가정을 이뤘고 막내가 공무원 시험에 합격해 행복을 줬지만, 사랑하는 엄마와 언니가 곁을 떠났다. 결핍은 힘들고 피해 의식을 남기기도 하지만, 목표를 이루려 열심히 사는 동기가 되기도 한다. 엄마가 우리 오 남매에게 남겨주신 선물이다.

"엄마, 그동안 그 작은 손으로 우리 6남매 키우느라 수고하셨습니다. 남은 다섯 자식도 지켜 주시리라 믿습니다. 고맙습니다. 그리고 사랑합니다. 언제까지나. 꿈에라도 자주 나타나 주세요. 안녕히 가세요."

아버지와 휠체어

집이 팔렸다. 엄마, 아버지의 눈물과 한숨이 서렸던 곳이다. 이제는 기억으로만 남는다. 6개월 전 엄마가 육종암으로 돌아가신 후 내놨는데 팔리지 않아 애가 타더니 막상 잔금까지 치렀다 하니 섭섭했다. 더 이상 갈 수 없는 곳이 되었다.

아버지가 돌아가신 지는 20년이 지났다. 뜻하지 않은 사고로 전신 마비가 돼 어깨 아래로는 움직이지 못한 채 12년을 살았다. 말이 12년이지 두 분에게는 고통의 세월이었다.

2000년 추석 음식 하느라 바쁜데 엄마에게 전화가 왔다. 아버지가 다쳐 병원으로 옮겼다며 빨리 오라고 한다. 급히 병원으로 갔다. 병실 분위기가 심상치 않았다. 이런저런 검사를 끝냈는지 아버지는 눈을 감고 있었다. 목뼈가 부러지면서 중추 신경을 건드려 신경이 끊어졌다고 했다. 세브란스 병원 신경외과 인턴으로 근무하는 남동생이 마침 추석이라 집에 와 있던 참이다. 아버지가 걷지 못할 것이라고 했다. 믿을 수 없었다. 설마설마했다. 그때까지 의학 상식이 전혀 없는 우리는 목뼈 부러진 게 얼마나 심각한 부상인지 짐작도 못했다.

아버지는 키가 178cm로 새벽마다 등산을 다녔고, 축구, 검도까지 못하는 운동이 없었다. 추석이 가까워지자 엄마, 이모랑 셋이 외할머니 성묘 갔다 내려오다 발을 헛디뎌 넘어졌다. 대수롭지 않게 생각한 두 사람은 음식 보자기에 아버지를 싸매고 산 아래까지 질질 끌고 내려와 택시로 병원까지 옮겼다고 했다. 아마 응급처치를 제대로 하지 않아 옮기면서 더 나빠지지 않았을까 짐작한다. 그때는 119구급대가 있다는 것도 몰랐다.

저녁이 되자 아랫배가 불러왔고 오줌이 나오지 않았다. 나중에 안 사실이지만 전신 마비 환자에게 생기는 증상이었다. 서울 큰 병원으로 옮기자고 했다. 담당 의사 선생님은 가다가 죽을 수도 있으니 잘 생각하라고 한다. 결국 동생이 근무하는 세브란스 병원으로 옮기기로 했다. 목이 움직이지 않게 고정하고 그날 밤 엄마와 아버지는 앰뷸런스를 타고 서울로 이동했다.

추석을 어떻게 보냈는지 모를 만큼 마음은 온통 병원에 있었다. 그곳에서도 역시 같은 진단이었다. 재활까지 많은 시간이 필요하다고 했다. 지난한 병원 생활이 시작됐다. 처음에는 드릴로 머리 양옆에 구멍을 뚫어 무거운 추를 달고 몇 달을 지내야 했다. 부러진 목뼈를 바로 잡아주는 장치다. 휴대전화가 없을 때라 모든 소식을 공중전화로 알렸다. 엄마는 6인 병실 예비 의자에서 쪽잠을 자며 병원비 걱정에 한 푼이라도 아끼려고 아버지가 남긴 밥만 먹으며 지냈다. 서울 사는 여동생이 어린 두 아들을 데리고 다니며 음식을 해 날랐다. 욕창이 생길까 봐 드라이기를 사용하다 데기도 했다. 피부에 감각이 없어 뜨겁다고 느끼지 못했다. 엎친 데 덮친다고 당뇨 때문에 쉽게 낫지도 않았다. 패혈증으로 죽음의 문턱을 수없이 넘나들었다. 그런 와중에도 엄마는 새벽 기도를 한 번도 빠지지 않았고 정성을 다 했다. 그 덕분에 아버지는 아슬아슬한 고비를 넘기고 2년 만에 퇴원했다.

집으로 돌아온 아버지는 편안해하셨다. 그런 마음도 잠시, 지옥 같은 일상이 시작됐다. 하나에서 열까지 엄마 손을 빌려야 했다. 재활 치료까지도. 아침에 눈 뜨면 가장 먼저 하는 일이 덩치 큰 아버지를 휠체어에 태워 화장실에 가는 일이다. 변기에 앉혀 오줌 줄을 떼고 샤워를 하고 대변을 본다. 배변 활동이 어려워 항상 오줌 줄을 차고 배를 두드려야 소변이 나온다. 아침마다 1회용 비닐장갑을 끼고 항문에 손을 넣어 똥을 파야 했다. 샤워가 끝나면 욕창 때문에 몸에 물기가 남지 않도록 깨끗이 닦는다. 옷을 입히고 다시 휠체어에 태워 거실로 간다. 그런 다음 아침밥을 차려 아버지 밥을 먹인다. 오후 내내 휠체어에 앉아 텔레비전과 친구가 된다. 밤이 되면 같은 방법으로 침대에 눕힌다. 그 모든 것이 체구가 작은 엄마에게 벅찬 일이었다. 날마다 반복되는 힘든 생활에 두 분의 얼굴에 웃음이 사라졌다. 희망이 보이지 않았다.

아버지를 씻기고 옮기느라 땀을 흘려 엄마는 한겨울에도 반 팔을 입었다. 손가락을 움직이지 못하니 반찬은 떠먹기 쉽게 잘게 자르고 손에 끼는 장애인용 숟가락을 사용했다. 평생을 이렇게 살아야 한다니 믿기지 않았다. 받아들이기 힘들었다.

아버지는 엄마가 없으면 불안한지 잠시도 떨어지지 않으려 했다. 엄마가 외출하는 날은 큰소리가 났다. 밤에 잘 때는 더 곤혹스러웠다. 몸을 다른 쪽으로 돌리고 싶어도 마음대로 할 수 없으니 잠이 든 엄마를 몇 번씩이나 깨워 몸을 반대쪽으로 돌려주라고 한다. 비몽사몽으로 아침을 맞는 날이 계속되었다.

지금은 시설도 많고 전용 목욕차, 장애인용 택시 등 예전에 비해 좋아졌지만 그때는 도움받을 곳이 없었다. 모든 걸 엄마 혼자 감당했다. 자식이 여섯이라도 나 빼고 다 다른 곳에 살아 자주 올 수 있는 처지도 아니었다.

어렵게 어렵게 십 년이라는 세월이 흘렀다. 아버지 허리 뒤에 조그만 상처가 생겼다. 약을 발라도 좋아지지 않았다. 조금씩 번지더니 손바닥 크기만큼 크고 깊어 벌건 속살이 다 보였다. 가까운 의료원으로 갔다. 의사 선생님은 욕창이라며 큰 종합 병원으로 가라고 했다. 입원 준비를 해 전대 병원으로 갔다. 다시 병원 생활을 시작했다. 6인실이라 아버지를 휠체어에 앉혀 화장실 가기가 제일 힘들었다. 엄마의 고생은 배가 됐다. 밤이 되면 시도 때도 없이 옆 사람을 부른 탓에 잠을 설친 환자들이 민원을 제기했다. 엄마는 죄인이 돼 침대를 끌고 복도 구석 사람이 없는 곳으로 갔다. 그곳이 아버지 병실이 됐다. 한겨울에도 바람이 솔솔 들어오는 창가에서 이불을 둘러쓰고 지냈다. 하늘이 원망스럽고 소리라도 지르고 싶었다. 하소연할 곳이 없었다. 보통 사람이 누리는 평범한 삶이 왜 우리 부모님에게는 그리 어려운지 하나님에게 묻고 싶었다.

엉덩이 위로 흙 한 삽 퍼낸 자리처럼 욕창이 심해졌다. 허벅지 살을 떼어 이식수술을 했다. 토요일 병실에 들어서니 하얀 붕대를 엉덩이 전체에 덮고 아버지는 엎드려 있었다. 나을 때까지 침대 바닥만 보고 생활한다는 것이다. 수술한 곳이 헝겊을 덧대 꿰맨 것 같았다. 벌건 부위가 곧 터질 것처럼 부었다. 날마다 엎드린 탓에 얼굴이 퉁퉁 부어 풍선이 되었고 사람 형상이 아니었다. 참혹한 얼굴을 보니 마음이 미어졌다. 나도 모르게 어깨가 들썩이며 "꺽꺽" 소리가 났다. 눈물이 샘솟듯 흘렀다.

당뇨 때문에 수술한 곳이 쉽게 낫지 않았다. 꿰맨 자리가 터져 피가 솟

구쳤다. 재수술을 했다. 의사 선생님은 아물때까지 시간이 오래 걸린다고 했다. 부모님은 추운 겨울에도 병실로 들어가지 못하고 퇴원할 때까지 복도에서 생활했다. 비참하고 슬프고 절망스러웠다. 여전히 아버지를 안아 휠체어에 앉히고, 씻기고 다시 침대에 눕히는 일을 제일 힘들어했다. 전쟁 같은 몇 달이 가고 드디어 퇴원했다.

아버지는 휠체어를 타고 집으로 돌아오셨다. 아파트 현관에 들어서며 "살아서 왔구나!"라며 감격스러워하셨다. 아마 병원에서 죽을지도 모른다고 생각했나 보다. 퇴원했다지만 달라진 것은 아무것도 없었다. 예전과 같이 힘든 생활은 계속되었고 끝이 보이지 않았다.

엄마에게 전화가 왔다. 아버지가 눈을 맞추지 못하고 불러도 반응이 없다고 했다. 서둘러 집으로 갔다. 눈에 초점이 없고 흐리멍덩했다. 아버지를 불러도 아무런 대답이 없고 허공만 봤다. 병원으로 옮기려니 암담했다. 가까운 곳에서 내과를 운영하는 오빠 친구에게 사정 이야기를 하고 집으로 와 달라고 했다. 뇌출혈인 것 같다고 한다. 아버지는 코를 골며 깊은 잠에 빠지셨다. 퇴원한 지 일주일만이다.

저녁에 앰뷸런스를 불러 성가롤로병원으로 갔다. 씨티 촬영한 사진을 보니 뇌 전체에 피가 퍼져 군데군데 고여 있었다. 많이 고통스러웠는지 이가

다 빠지고 부서져 입안에 흩어져 있었다. 수술해도 식물인간으로 살아야 한단다. 우리는 더 이상 아버지가 고통스럽게 생명을 이어 가는 것을 원하지 않았다. 연명 치료는 하지 않고 집으로 모셨다.

아버지 병간호로 고생하신 엄마에게 개소주를 해 주려고 지인에게 개 한 마리를 부탁했었다. 하필 가지고 온 날 아버지에게 일이 생겼다. 누워만 있는 사람에게 뇌출혈이라니. 개 영혼이 해코지한 것은 아닌지 한동안은 죄책감으로 괴로웠다. 생명을 해쳐 벌 받았다는 생각이 떠나지 않았다.

생명이 꿈틀대는 봄, 아버지는 가족들 배웅을 받으며 이승에서의 고통을 끝냈다. 새가 되어 훨훨 날아가셨다. 하늘나라에서는 원 없이 걷고, 뛰고, 가고 싶은 곳 마음껏 돌아다니기를 바랐다. 아버지의 분신이었던 휠체어만 덩그러니 남아 주인을 기다렸다. 엄마는 유품을 하나씩 정리했고 휠체어는 장애인 복지시설에 기증했다. 아마 아버지와 같은 어려운 환자의 발이 되었을 것이다.

새 주인이 이사 오기 전 마지막으로 여동생과 집을 찾았다. 텅 빈 이곳저곳에 먼지만 날려 을씨년스러웠다. 역시 집은 사람 온기가 있어야 한가 보다. 부모님의 흔적도 오늘로 마지막이다. 휠체어에 앉아 반겨 주던 아버지와 죽음의 문턱에서 몸부림치던 엄마가 보였다. 뻣뻣하게 굳어버린 손으로 바퀴를 밀며 다니던 아버지를 눈에 넣었다. 슬픔이 밀려왔다.

오케이 목장의 결투

더위가 언제 끝날까 했는데 며칠 후면 추석이다. 명절이라고 서울 사는 애들이 내려온단다. 며칠을 같이 지내려면 애들이 도착하기 전 남편과 화해해야 하는데 걱정이다. 며칠째 말을 않고 지냈다. 데면데면 지내다 보니 명절이 코앞이다. 오랜만에 오는 아이들에게 이런 모습을 보이고 싶지 않다. 그런 분위기는 금방 알아차린다.

생각 끝에 남편을 집 부근 초등학교로 불러내기로 했다. 초등학교로 갔다. 큰 소리가 나도 주변에 들리지 않을 만한 적당한 장소를 찾았다. 건물 사이 한가운데로 점찍었다. 남편에게 전화해 집 앞 초등학교에서 만나자고 했다. 뜬금없는 전화에 뭣 때문이냐고 싫다고 한다. 할 말이 있으니 나오라고 했다.

심리학자들은 부부싸움을 피해선 안되고 정면으로 받아들이되 서로에 맞게 잘 싸우는 방법을 터득하라고 조언한다. 말처럼 쉬우면 헤어지는 부부가 없을 텐데 그것이 어려우니 문제다. 우리는 정 반대다. 나는 해결될 때까지 이야기를 계속해 자기 전 모든 것을 풀어야 하고, 남편은 싸우지 않으려고 가타부타 말없이 내 말을 듣기만 하고 끝이다. 스스로 화를 삭이는 대신 풀릴 때까지 오래 간다. 속이 터지고 무시당했다는 생각에 더 화난다. 부부싸움이 될 리 없다. 둘이 꽝 부딪혀 깨끗하게 끝내면 좋겠는데 항상 결론 없이 흐지부지 끝난다.

이번 싸움도 그랬다. 못 견뎌 하는 성격 탓에 항상 내가 먼저 말을 걸었는데 이번에는 제대로 사과받을 생각이다. 신혼 초에는 올라오는 화를 참지 못해 자는 사람을 깨워 하고 싶은 말을 하기도 했다.

주변이 깜깜하다. 학교에 도착했을 때는 겨우 사람 윤곽만 보였다. 저만치서 남편이 걸어온다. 화단 주변 돌 위에 걸터앉았다. 할 말이 뭐냐고 묻는 남편에게 마음에 품었던 불만을 쏟아내기 시작했다. 아무 말도 하지 않고 듣고만 있더니 겨우 한 마디, 왜 화가 났는지 몰랐다는 것이다. 같이 사는 사람이 말이 없으면 무엇 때문에 그러는지 물어는 봐야지 않냐며 열을 냈다. 남편은 누가 듣는다며 목소리 낮추라고 한다. 듣든지 말든지.

날이 선선해지니 모기들이 마지막 발악을 한다. 불빛도 없는 학교에서 팔다리에 침을 꽂아대는 모기를 쫓으며 싸웠다. 내 말이 끝나자 남편은 교문 밖으로 나간다. 화가 머리끝까지 올랐다. 어이가 없었다. 교문 앞 마트로 들어간다. 쫓아갔다. "이야기하는데 의리 없이 컴컴한 곳에 나만 두고 혼자 가!" 정작 큰소리는 마트 앞에서 났다. 남편은 허허 웃으며 "캔맥주 사러 왔네. 맥주 사서 갈 테니 먼저 가 기다리고 있어." 말하지 않으니 알 수가 있는가. 또 오해했다. 맥주를 따 주며 "이거 마시고 화 풀어. 앞으로 노력할게." 그날의 반란은 팔다리 여기저기에 모기에게 뜯긴 자국을 얻는 것으로 싱겁게 끝났다.

한참 후, 그날 일을 딸에게 이야기했다. 딸은 깔깔 웃으며 그래도 아빠가 나와서 다행이지 끝까지 안 나왔으면 어쩔 뻔했냐고 한다. 그렇게 36년을 살았다. 잘잘못을 따져 결론을 빨리 내고 싶어하는 나나 말을 많이 하지 않는 남편은 여전히 변하지 않았다. 다만 예전보다 많이 이해하고 싸울 일을 만들지 않으려고 노력한다.

서로 다른 사람이 만나 맞춰 가며 사는 것은 참 어렵다. 상대를 바꾸려 하지 말고 다름을 인정하라는데 현실에서는 그 또한 쉽지 않다. 어떻게 사는 게 더 나은지는 아직도 모르겠다. 중요한 건 나이 들면서 맞추며 살아간다는 것이다. 이제는 서로의 성향을 안다. 적당히 눈감고 모른 척한다. 믿음을 깨고 더 이상 함께 사는 게 의미 없는 일 아니고는 간섭하지 않는다. 눈에 거슬린다고 못 견뎌 하면 상대도 같은 생각이지 않을까.

소박한 당부

한 치 앞도 내다볼 수 없는 인간은 어리석게도 본인은 한없이 오래 살 것이라 생각한다. 나 또한 그렇다. 가끔은 어떤 모습으로 죽음을 맞을까 생각한다. 병 들어 아흔 넘어까지 살면서 자식들에게 짐이 되지 않았으면 좋겠는데 그게 마음대로 되지 않으니 걱정이다. 해 질 녘 태양이 바다 속으로 서서히 몸을 감추듯 깨끗한 모습으로 죽음을 맞으면 좋겠다. 가족에게 한마디 말도 못하고 어느 날 갑자기 떠난다면 그 또한 얼마나 서글플까 생각하니 남은 가족에게 회한이라도 없게 유언이라면 거창하고 몇 마디 당부 말은 남겨 놓는 게 좋을 것 같다.

시아버님은 선산에 본인의 묏자리는 물론 자식들이 죽으면 들어갈 곳까지 만들어 놓았다. 어른이 하는 일이라 뭐라 말은 못하지만 선산 돌본다고 많은 돈을 썼고, 해마다 9월쯤 사촌들까지 모여 벌초하러 간다. 우리 세대야 형제들이 많아 일을 나눠서 할 수 있다지만 바쁘게 사는 자식 세대는 다르다. 아들이 하나뿐인 가정이 대부분인데 혼자 그 일을 감당하기에 짐이 너무 무겁다. 언제까지 이어질까 싶다. 나는 아들에게 그런 짐을 남겨주고 싶지 않다.

올여름 아주버님이 암으로 세상을 떠났다. 마지막 길을 배웅하러 갔을 때 멋들어지게 만들어진 묘를 보고 죽은 후에 그런 게 무슨 필요가 있을까 싶었다. 산을 내려오며 남편과 아이들에게 나는 선산에 묻지 말고 화장해서 납골당에 두고 가끔씩 찾아왔으면 좋겠다고 했다. 아이들은 말도 꺼내지 못하게 하는데 평소에 지나가는 말로라도 해 두는 게 좋을 것 같아 당부해 두었다.

죽음이란 남은 사람에게 많은 생각을 갖게 한다. 며칠 전까지 같이 이야기하고 밥 먹던 사람이 어느 날 한 줌 재가 되는 것을 보니 사는 게 참 덧없다. 이렇게 갈 것을 욕심부리며 주변 사람에게 상처 주고 아등바등 살았는지 내 생활도 돌아보게 되었다. 집에 돌아와 남편에게 집문서와 중요한 것을 놓아둔 서랍을 가리키며 혹시 내가 갑자기 죽을 수도 있으니 알아 두라고 했다. 본인이 너보다 나이가 많아 빨리 죽을 거라며 걱정도 팔자라고 해서 웃고 말았다.

또 하나 내가 빨리 죽으면 혼자 살지 말고 동반자를 구하라고 했다. 연금이 있으니 여자들이 싫어하지는 않을 거라고 농담처럼 말했다. 남편에게 죽을 때까지 혼자 산다는 말이 나오기를 바라는 마음이 컸지만 그 말은 진심이다. 남은 생을 외롭고 쓸쓸하게 혼자 지내는 것보다 이성 친구가 옆에 있으면 좋을 것 같다. 그동안 나와 맞추어 사느라 고생했고 열심히 성실하게 가장 역할 잘해줘서 고맙다는 말도 하고 싶다.

아이들과는 평소에 많은 이야기를 나눴으니 엄마의 당부는 알 것이다. 잘 자라 줘서 고맙고 지금처럼 서로 우애 있게 지냈으면 한다. 이게 내 유언의 전부다. 건강했으면 더없이 좋겠지만 그게 내 마음처럼 쉽지 않으니 걱정이다. 가족 중 한 사람이 병들면 모두가 고통스러워 한 것을 보면서 안락사를 생각하기도 했다. 앞으로 남은 생은 남편과 나란히 같은 곳을 바라보며 서로를 응원하며 살고 싶다.

독박 육아

결혼하고 2년 만에 첫 딸을 낳았다. 육아는 당연히 여자인 내가 하는 것으로 알고 그렇게 살았다. 두 살, 여섯 살 터울로 셋째까지 혼자 모든 일을 감당했다. 언제 아이들이 커서 엄마의 손길이 필요 없는 시기가 될까 했는데 세월이 가니 내가 그토록 소원하던 때가 오기는 한다. 가끔 그때를 회상하며 잘 견디며 살았다고 스스로에게 칭찬도 하지만 직장다니며 혼자 아이 셋을 키운다는 것은 참 힘든 일이다.

남편은 중학교 국어 교사로, 재직 시절 3학년 입시생만 지도하며 본인이 맡은 일에는 최선을 다하는 성실한 사람이다. 지금이야 고등학교 입학이 무시험이지만 우리 아이들이 어릴 때는 학교 서열이 정해져 있어 일류 고등학교를 향한 열망이 대단했다. 남편은 아침 일찍 출근해 야간 자습 감독까지 하고 밤 열두 시가 다 되어 퇴근했다. 그런 사람에게 힘들다고 투정할 수가 없어 혼자 모든 일을 감당하며 살았다.

두 아이는 가족이 아닌 다른 사람에게 맡겼다. 딸은 어릴 때 같은 동네 사는 사촌 언니에게, 둘째는 친구가 소개해 준 이웃에 사는 베이비시터에게 맡기고, 다섯 살부터는 학교 유치원으로 데리고 다녔다. 둘째를 키울 때는 아주머니가 출근 시간에 맞춰서 집으로 와 조금은 숨통이 트이긴 했다. 그러나 남편 출근 시키고 두 아이까지 챙기는 아침 시간은 전쟁이었다. 그렇게 힘든 하루하루를 버티며 살다 둘째가 여섯 살이 되어 혼자 할 수 있는 일이 많아지면서 내게도 약간의 여유가 생겼다.

그러던 어느 날 남편은 아이 하나만 더 낳았으면 좋겠다며 셋째 이야기를 했다. 힘들어서 더는 못하겠다고 했더니 도와준다고 한다. 둘째를 봐주던 아주머니에게 사정 이야기를 하니 일단 낳아 보라고 했다. 그렇게 셋째를 낳았다. 약속했던 남편은 언제 그랬냐는 듯 돌변했다. 또 혼자 아이를 돌볼 수 밖에 없었다. 아이 키우는 동안 학교에서 하는 회식은 물론 친구들조차 만나지 않았다. 지금 생각하면 참 미련한 짓이었지만 그때는 아이들을 놔두고 내 생활을 할 수가 없었다. 승진 때문에 섬 생활도 고민했는데 막내가 고등학생이었다. 막내를 아빠에게만 맡길 수가 없어 포기하고 엄마 역할만 충실히 하기로 마음먹었다.

집안일과 육아를 분담하는 요즘 젊은 사람을 보면 참 부럽다. 모든 일을 혼자 도맡아 힘들게 살았던 것이 억울하기도 하다. 그 어려운 상황에 아이를 셋이나 낳은 것을 보면 겁도 없었다는 생각도 든다. 언제부턴가 육아와 부엌일을 도맡아 하고 아이와 잘 놀아주는 남편이 텔레비전에 많이 나온다. 남편은 무슨 생각을 할까 궁금하다. 본인도 속은 있겠지 싶지만 한 번도 물어본 적은 없다.

어느 날 세 아이와 밥을 먹으러 간 남편이 아이들에게 미안하다는 말을 하더라고 딸이 전해 준다. 어릴 때 잘 놀아주지 못하고 엄마 혼자 키우게 한 것이 내내 마음에 걸린다며 그때는 무엇을 몰랐다고 했단다. '철이 들었나, 그런 생각을 진즉 좀 하지 그러면 나도 힘들지 않았을 텐데.'

퇴직하고 남편은 많이 달라졌다. 내가 출근한 사이 집 청소와 본인 옷도 빨고 옛날에는 손대지 않던 일도 한다. 퇴직하고도 예전과 같으면 양심도 없는 사람이다. 막내아들이 대학에 입학하자 나는 모든 것에서 해방되었다. 그동안 내 역할을 충실히 했고 아이 셋 다 잘 커서 독립했으니 이제는 하고 싶은 것 마음대로 하면서 살려고 한다. 내 인생을 누가 대신 살아주는 것도 아니니 배우고 싶은 것도 배우고, 만나고 싶은 사람들도 만나고, 여행도 다니면서.

어떤 이는 아이들 키울 때가 제일 행복한 시간이었다고 하지만 다시 그 시절로 돌아가고 싶지 않다.

내리 사랑

아이가 셋이다. 독박 육아를 했다. 첫째와 둘째는 두 살, 둘째와 셋째는 여섯 살 터울이다. 언제쯤 육아에서 해방되어 마음대로 하고 싶은 일 하면서 살 수 있을까 상상하곤 했는데 시간이 지나니 마법처럼 그런 날이 오긴 한다.

요즘 젊은 사람이 아이 낳는 것을 꺼리고 비혼을 선호하는 까닭에 공감하면서도, 미래가 걱정이다. 육아하는 동안 포기해야 하는 것들이 많은데 젊은 사람들에게는 쉽지 않은 일이다. 자식 키우는 게 무엇보다 힘들지만 아이가 주는 기쁨과 대견함이 더 많다. 경험하지 않은 사람에게는 고충이 더 크게 와닿아 미리 포기해 버리지 않나 싶다.

큰아들이 대학 다닐 때다. 방학이라고 집에 내려왔다. 친구와 전화로 다음 날 새벽 인력 사무소에서 만나자는 소리가 들린다. 아르바이트하러 가기로 했다며 새벽 다섯 시에 깨워 주라고 한다. 가끔 서울 올라가면 아르바이트하는 카페에서 배웠다고 예쁜 그림이 있는 커피를 만들어 주곤 해 카페에서 일하겠거니 생각했는데 아니었다. 다른 곳도 많은데 웬 인력 사무소냐 했더니 육체노동을 해 보고 싶단다. 젊다고 이상한 곳으로 보낼까 걱정되긴 했지만 그런 것도 경험이겠지 싶어 알았다고 했다. 아들은 새벽 일찍 약속 장소로 갔다. 어떤 곳에서 일하는지 궁금했지만 일도 서툰데 전화 받기 힘들 것 같아 점심시간에 전화해 물었다. 성가롤로병원 부근 쓰레기 하치장이라고 했다. 친구와 아저씨 몇 명과 같이 오전 일 끝내고 밥 먹는다고 했다. 할 만하니 걱정하지 말라고 한다.

퇴근하고 아파트 1층 현관에 들어서는데 흙범벅이 된 옷으로 거지꼴을 하고 패잔병처럼 축 처진 아들이 보였다. 온통 흙에 젖은 추리닝 바지는 무거워 손으로 잡지 않으면 벗겨질 것 같았고, 얼굴은 때 구정물로 범벅이 돼 볼 수가 없었다. 어이가 없어 웃음이 터져 나왔다. 엘리베이터 앞에 섰던 주민 몇 사람이 쳐다본다. 본인도 창피했는지 피식 웃는다. 집으로 오는 버스에서 사람들 시선이 신경 쓰였을 텐데 어떻게 왔을까 싶을 만큼 험한 꼴을 하고 있었다. 고생했다는 말로 위로하고 집으로 들어왔다. 어떻게 된 거냐 물었더니 하루 종일 삽질하며 쓰레기 모으는 일을 했다고 한다. 요령 피울 줄 몰라 시키는 대로 열심히 했나 보다. 일당 7만 원에서 중개업소 만 원을 주고 6만 원을 받았단다. 돈 버는 것이 쉽지 않다는 것을 알았다고 했다. 아들은 1주일 넘게 끙끙 앓았다.

막내아들이 대학생이 되었다. 기숙사에서 같이 생활하는 친구들이 저녁 시간을 술 마시고 노는 데 쓴다며 자신은 그 시간에 아르바이트한다고 했다. 시간을 효율적으로 쓰는 것 같아 기특했다. 이번에도 막내가 인력사무소에 가 본다고 한다. 큰아들 일이 생각나 위험하니 가지 않았으면 좋겠다고 했다. 아무래도 젊으니 위험한 곳으로 보낼까 걱정됐다. 아들은 조심할 테니 걱정하지 말라는데 불안해 일이 손에 잡히지 않는다. 큰아들에게는 무엇이든 경험해 보는 것이 좋다고 했는데 막내는 쓸데없는 걱정이 앞선다.

나도 아이들에게 엄한 편이지만 남편은 나보다 더한다. 큰소리로 혼낸 적도 없는데 아이들은 아빠의 표정을 보고 미리 조심한다. 그런데 유독 막내에게는 너그럽다. 맛있는 것을 먹을 때도 항상 막내 이야기를 한다. 아들에게 전화해 같이 가자며 약속을 잡는다. 큰 애 둘은 아직도 아빠에게 말대꾸를 못한다. 하지만 막내는 반대되는 의견도 당당히 밝힌다. 동생만 편애한다고 할 수도 있겠지만 나이 차이가 있어서인지 한 번도 그런 말을 한 적은 없다. 본인들이 못하는 것을 동생이 하니 대리 만족을 느끼는지 흐뭇한 표정으로 본다.

아이 셋 키우며 하고 싶은 일 다 포기하고 아이들에게 전념했다. 옳았다고 할 수는 없지만 후회하지는 않는다. 그동안 쏟은 사랑과 정성을 알고 고마워하지만 무엇보다 건강한 정신을 가진 성인으로 잘 자라 뿌듯하다. 내가 부모님께 받은 사랑을 아이에게 쏟았듯이 그것을 대물림해 자신의 자식을 잘 키우면 될 일이다.

딸에게

여경아! 5월을 연두색 새잎이 눈부신 신록의 계절이라고 하는데 언제부터인지 4월 끝자락으로 옮겨온 듯하구나. 봄이 느린 걸음으로 왔다 가도 좋을 텐데 뭐가 그리 바쁜지 순식간에 가버린다. 우리가 돌아다닌 어제오늘(5일, 6일) 낮이 여름처럼 더웠잖아. 더운 여름을 좋아하고, 땀 흘리며 씩씩하게 잘 걷는 것도 서로 닮았어. 그래 너는 엄마 딸이야.

오랜만에 단둘이 2박 3일 행복한 시간을 보내서 좋았단다. 몇 년 전 갔던 남해, 거제 여행에 이어 이번 함양, 군산 여행이 두 번째구나. 6일이 학교 재량 휴업일로 다행히 시간이 맞았어. 내가 서울로 가 너, 주엽이(큰아들), 지수(며느리)랑 전시회도 보고 가까운 곳 바람도 쐬면서 같이 시간 보낼까 생각했는데 네가 자유로울 때 같이 여행하는 것이 더 낫겠더라. 딸과 친구처럼 같이 여행 다니는 사람이 부러워서 네가 크면 같이 다니려고 했단다. 내 버킷리스트였어. 너희 삼 남매가 직장인이 되고부터는 시간 맞추는 게 어려워 가족 여행도 쉽지 않더구나. 다섯이 같이 갔던 대만 여행을 끝으로 꼭 한 사람이 빠지게 되고, 어느 땐가부터 각자 휴가에 맞춰 따로따로 떠나기 시작했어. 이제는 식구도 한 사람 더 생겼으니 완전체 가족 여행도 계획해 보자꾸나.

평소에 너와 대화를 많이 하지만 같이 다니면서 이런저런 세세한 이야기까지 하게 되니 몰랐던 네 일상도 알게 되었단다. 부모님과 주변 친척들 사랑 듬뿍 받아 내면이 강한 사람이 되었다는 말에 안심이 되었단다. 현재 가르치는 남자 고등학생들이 예쁘고 사랑스럽다는 이야기, 동료 선생님과 친하게 지내고, 동생들 생각하는 이야기를 들었을 때 항상 밝고 어디서나 당당한 네가 자랑스러웠단다.

몇 번의 임용 고시 실패로 긍정적이며, 활기차고, 당당하던 네가 자존감이 밑바닥이라고 했을 때 걱정도 되었고 안쓰럽기도 했단다. 해를 거듭할수록 더 좌절하고, 자격지심이 생기고 낭떠러지에 서 있는 기분일 텐데 그만했으면 싶었다. 아직도 미련을 버리지는 못했겠지만 짐을 벗었으면 좋겠다. 중등교원 임용이 워낙 바늘구멍이고 합격률이 10-12%로 응시생 열 명 중 한 명만이 선생님이 될 수 있다고 하더라. 아이들 가르치는 게 행복하고 재미있다며 다른 곳은 쳐다보지도 않으니 네가 하고 싶은 걸 해야지 어쩌겠니. 엄마 아빠는 너를 믿고 그냥 지켜볼 뿐이야. 다시 예전의 밝은 강여경으로 돌아와 사립 고등학교에서 남학생들을 가르친 게 재미있다니 그것으로 만족한단다.

지난 3월 6일 결혼하고 처음 맞는 지수(며느리) 생일에 시누이인 네가 회사로 케이크와 꽃바구니를 보내서 놀랐단다. 지수가 그런 것 처음 받았다며 흥분해서 전화했더라. 엄마도 기분 좋았어. 역시 내 딸이 여러모로 생각이 깊구나 감탄했어.

4월 27일 엄마, 아빠 결혼기념일에도 동생들과 함께 꽃바구니와 용돈까지 넉넉히 보내 줘서 아빠랑 오붓한 시간 보냈단다. 큰딸인 네가 잘하니 동생들도 누나 뜻에 따라 준 것 아니겠니? 너희끼리 서로 생일까지 챙기는 걸 보니 뿌듯했단다.

둘째 날, 호텔에서 맥주 마시며 잊고 있었던 외할머니, 외할아버지와의 추억도 꺼내 과거로 시간 여행도 했잖아. 딸 손녀가 하나뿐이어서 두 분이 얼마나 예뻐했니? "우리 여경이, 우리 여경이." 했잖아. 너도 그걸 잊지 못하는 것이고. 외할머니 서울 가면 둘이 새벽까지 잠도 안 자고 할머니 젊은 시절부터 엄마 남매 어릴 때 이야기 들었다고 했을 때도 고마웠단다. 더군다나 너와 갔던 백화점 구경이 외할머니 생전 마지막 외출이었잖니. 할머니 돌아가시고 집 치우면서 보니 같이 쇼핑하면서 샀던 수영복과 물

안경이 포장지도 뜯지 않은 채 그대로 있더라. 식당에서 돈가스 먹으며 네가 사준 화장품 품에 안고 활짝 웃으며 찍은 사진 보는데 엄마 가슴이 찢어졌단다. 할머니가 양식 좋아하는 줄 처음 알았다며 엄마는 아냐고 물어보는데 머리 한 대 맞은 기분이었어. 한 번도 간 적 없고 나도 처음 알았거든. 네가 친구처럼 외할머니 대화 상대가 돼 줘서 얼마나 대견했을까 싶구나. 손녀 노릇 단단히 해줘서 고맙다. 좋은 추억으로 간직하셨을 거야.

여경아! 엄마는 딸이 있어서 참 좋단다. 물론 아들도 좋지만 그래도 동성이라 내 맘을 더 잘 이해하잖아. 익산역에서 헤어지고 오는데 옆자리가 조용한 것이 허전하더라. 우리 또 3차 여행을 기대해 보자꾸나. 내일은 어버이날이라고 막내 주성이가 엄마, 아빠 맛있는 점심 사준단다. 주엽이도 오늘(7일) 지수랑 춘천 여행 다녀온다며 전화했더라.

근무 학교에 가정 환경이 좋지 않아 자살 위험이 있는 불쌍한 친구가 많다고 했잖아. 그 애들에게 조금이라도 도움 되는 선생님이 되었으면 좋겠다. 걱정 안 해도 되겠지? 건강 잘 챙기고 다음에 서울에서 보자.

2022. 6. 7. 엄마가

기특한 막내

벌써 한 해가 저물어 간다. '눈 깜짝 할 사이'란 말이 실감난다. 12월, 학교는 일 년을 마무리하고 다른 곳으로 옮기려는 선생님들 내신으로 바쁘다. 다른 직장에 비해 만남과 헤어짐이 유난히 많은 이유다. 오랜만에 만난 동료 교사의 자글자글 주름진 얼굴을 보면서 세월을 느낀다. 언제까지나 그대로일 것 같았는데 세월이란 놈은 야속하게 같이 가자고 한다.

올 일 년은 내게 많은 일이 있었다. 큰아들이 가정을 이루었고 막내가 어려운 공무원 시험에 합격해 기쁘기도 했지만, 가족을 셋(시어머니, 친정엄마, 언니)이나 떠나는 아픔도 겪었다. 누구에게나 닥칠 일이지만 사랑하는 가족의 마지막을 보는 건 슬프고 아프다. 그 사람이 살아온 과정을 알기에 더 가슴 저민다. 또 하나는 어려운 글쓰기를 2년째 계속하고 있다. 기쁨과 슬픔, 즐거움이 더 크게 다가오는 한 해였다.

그중 막내아들이 공무원 시험 합격한 것은 세상을 얻은 것만큼 기뻤다. 자신이 세운 목표를 노력으로 이룬 것을 생각하면 기특하고 가슴 벅차다. 7급이나 고시도 아니고 9급 공무원인데 그런다고 하겠지만 내겐 그 어느 것보다 크고 빛나는 일이다.

막내는 큰애와 여덟 살, 둘째와 여섯 살 터울이다. 큰아이 둘이 고등학생일 때는 바쁜 중에도 학부모 임원까지 하며 학교를 드나들었는데, 막내에게는 동력이 떨어졌는지 두 아이만큼 관심을 쏟지 않았다. 공부도 알아서 하겠거니 크게 신경 쓰지 않았고, 혼자 할 수 있다고 해 흔한 학원도 보내지 않았다. 형이나 누나처럼 성적 때문에 잔소리하거나 나무란 적도 없는데 성적이 나올 때마다 미안해했다. 찾아보면 갈 학교는 많고, 좋은 대학 나오지 않아도 잘 사니 그러지 말라며 아들을 격려했다. 그렇게 고3이 되었고, 앞으로 의료 인력이 많이 필요할 것 같다며 4년제 물리 치료학과로 진학했다.

기숙사로 들어간 아이는 저녁 시간 친구들이 술 마시고 논다며 그 시간에 아르바이트하는 것이 낫겠다고 했다. 정해진 약간의 용돈 외에는 한 번도 손 내밀지 않았고, 필요한 것은 자신이 번 돈으로 해결했다. 혹시 왕따라도 당할까 봐 친구들이랑 같이 행동해야 하지 않겠냐고 말해도 걱정 말란다. 늦은 시간까지 일하면서도 열심히 공부했는지 만점에 가까운 학점으로 과 수석을 했고, 떨어질 땐 2, 3등을 해 장학금을 놓치지 않았다. 그러면서 이제야 공부하는 방법을 알게 됐다며 열심히 학교생활을 했고, 4학년을 마친 후 입대했다.

아들이 하루빨리 제대하고 나오기를 손꼽아 기다렸는데, 다음 날부터 병원에서 일하기로 했다며 형과 누나가 있는 서울로 간다고 했다. 마지막 휴가 때 면접까지 봤다고 한다. 모든 게 일사천리로 이루어졌다. 물리치료사로 딱 일 년만 일하고 공무원 시험을 계획하고 있다며 부모님 걱정 안 하게 잘할 테니 지켜만 보라고 한다. 며칠 쉬면서 여행이라도 다녀왔으면 좋으련만 짐을 싸 들고 나선다.

그렇게 병원에서 일하고, 계획했던 대로 1년이 되는 10월 31일 하던 일을 그만두고 독서실을 다니며 본격적으로 공부를 시작했다. 병원에서 일하면서도 새벽에 일어나 출근하기 전까지, 퇴근하고 집 부근 도서관에서 밤늦게까지 짜투리 시간도 그냥 보내지 않았고, 영어 단어장을 들고 다니며 외웠다고 한다. 밥 먹는 시간 빼고는 날마다 책과 씨름하는 아들을 보니 안쓰러웠지만 지켜보기만 했다. 큰아이들과는 달리 막내에게는 무엇을 하고 싶은지 생각해 보라는 말 외에 한 번도 공부를 강요한 적도 없었는데 목표를 정하고 그것을 이루려고 노력하는 것을 보니 기특했다.

3월이 되면서 밥 차려 먹는 시간이 아깝다며 집으로 내려왔다. 코로나 때문에 하루 종일 집에서 본인이 짠 시간표대로 생활했고, 해가 진 후 한 시간 동안 동네를 뛰면서 체력을 관리했다. 준비하는 과정이 지루할 텐데 짜증 한 번 내지 않고 매달렸다. 중요한 내용을 적은 포스트잇으로 공부방 전체를 도배했고, 탁상용 달력에는 하루하루 공부 시간과 해야 할 내용이 빽빽이 적혀 있었다. 그렇게 준비해 6월 5일 몇 명 뽑지도 않은 전라남도교육청 소속 보건직 시험을 치렀다.

합격자 발표가 있던 날, 수업하는데 심장이 밖으로 튀어나올 것 같았다. 일이 손에 잡히지 않았다. 떨어져도 자격증이 있으니 다시 병원으로 돌아가면 된다고 스스로를 위안했지만 합격을 빌었다. 힘든 과정을 알기에 일년 더 공부해 보라는 권유는 할 수 없을 것 같다. 2교시 수업을 마치고 교실로 들어와 휴대폰을 보니 남편과 아들에게 온 부재중 전화가 떠 있다. '아! 합격이구나.' 아들에게 전화하니 밝은 목소리로 "엄마 나 합격!" 하며 웃는다. 나도 모르게 소리를 질렀다.

2차 면접이 남있다. 면접 때 입으라며 누나가 양복을, 형은 신발을 사 줬다. 아들은 점잖게 차려입고 집 앞 '순천만 생태문화교육원'으로 갔다. 떨어지는 사람이 있어서 더 걱정됐다. 힘들게 공부해 2차에서 떨어진다면 맥빠질 일이다. 최종 합격자 발표를 기다리는 시간도 역시 심장이 터질 것 같았다. 가족이 이러는데 수험생 본인은 어쩌겠는가?

힘든 시간을 버텨 내며 자신의 목표를 이룬 아들은 지금 교육청에서 일하고 있다. 노력은 배신하지 않는다며 이제는 무엇이든 할 수 있을 것 같다고 한다. 2021년이 고맙다. 막내까지 할 일을 찾았으니 더 이상 바랄 것이 없다. 행복하다. 죽을 때까지 잊을 수 없는 해이다.

자기 말이 법이냐고

벌써 일 년이 지났다. 다음 주 월요일(5월 30일)이 남편 생일이다. 이 년째 깜빡 잊고 챙기지 못했다. 아이들 전화를 받고서야 생각났다. 바빴다고 핑계를 댔지만 이유가 궁색했다. 나이 드니 그런 것까지 잊는다. 자식들 생일은 며칠 전부터 챙기더니 본인은 뒷전이라는 생각에 서운했을 것이다. 올해는 실수하지 않으려고 새해가 되자 휴대폰 일정에 맨 먼저 표시해 두었다. 며칠 전부터 애들이 돌아가면서 전화한다.

그날, 토요일 서울 사는 큰아들과 며느리가 온다고 한다. 아빠 놀라게 비밀로 하자고 해 말하지 않았다. 다섯 시쯤 현관 번호 누르는 소리가 들린다. 거실로 들어서며 "아빠! 아버님! 짜잔!" 남편은 깜짝 놀라며 "웬일이냐!"를 연발한다. "아빠 생신 축하하려고 왔어요." 라는 말에 입꼬리가 올라간다. 며칠 전 아들과 통화하면서 겨우 밥 두 끼 먹고 가는데 오지 않아도 된다는 말이 입 밖으로 나오려는 걸 참았다. 바쁘면 오지 않는 걸 당연하게 생각할까 봐 말하지 않았다.

큰아들과 며느리는 아침 일찍 마장동에 갔다 왔다며 마블링이 골고루 퍼진 소고기를 들고 왔다. 딸은 중간고사 시험 문제 내야 한다며 오지 못하고 케이크는 막내아들이 준비했다. 저녁 먹고 축하 노래를 불렀다. 그동안 전화로는 길게 하지 못했던 직장 상사, 요즘 회사에서 진행하고 있는 일, 내년에 입주하는 아파트 이야기도 했다. 아들과 며느리는 잠자리에 들면서 일요일 아침밥은 둘이서 차린다며 양념 재료가 어디 있는지 묻는다.

애들이 대학생이 되어 집 떠나기 전까지 남편은 엄했다. 고등학교까지는 부모 통제가 필요하다며 못하게 하는 것이 많았다. 애들 편들어 주다 부부 싸움한 적도 여러 번이다. 우리 자식이라고 다른 아이들과 다를 거라고 생각하지 말란다. 자식을 왜 못 믿냐고 대꾸하다 감정싸움으로 번졌다. 매번 같은 걸로 싸우지만 남편은 단호하다. 사실 내 스스로도 어느 선까지 허락해야 하는지 혼란스럽기는 했다.

애들이 집에 한 번씩 오면 가장 먼저 하는 일이 할아버지, 할머니께 인사드리러 가는 것이다. 그것도 큰절을 한다. 가끔 가기 싫을 때도 있을 텐데 두 말이 필요 없다. 무조건 가야 한다. 친구와 놀다 가지 않으면 다음 날이라도 가라고 한다. 또 친구를 만나면 자정까지는 들어와야 한다. 중고등학교 친구와 술자리를 갖다 보면 시간이 늦어질 수도 있는데 남편은 잠도 안 자고 기다린다. 오죽하면 친구들이 '강데렐라'(성이 강씨다)라는 별명까지 붙였을까. 12시까지 가야 하는 신데렐라를 빗대 지어줬다고 한다. 웃기는 했지만 놀다 말고 혼자 일어나는 마음이 오죽하겠냐 싶어 안쓰러웠다. 남편에게 만나는 친구가 다 착한 애들이고 이야기하다 보면 늦을 수도 있지 왜 틀 안에 가두려고 하냐고 따지며 별명 이야기까지 했는데도 소용없다. "짜식들"로 끝이다.

중학교 제자였던 아들 친구들도 소문난 호랑이 선생님이었던 남편 성향을 잘 안다. 원칙에서 벗어난 것은 허용하지 않는다는 것을. "그런 아빠 밑에서 어떻게 사냐?"고 묻던 친구들이 자정이 가까워지면 빨리 들어가라고 더 챙긴단다.

집안일은 모두 내가 알아서 하고 애들 성적으로도 잔소리 한번 한 적 없는데 유독 행동 규제만큼은 양보가 없다. 그러던 남편이 세 아이가 직장인이 되니 더 이상 간섭하지 않는다. 최대한 존중하려고 노력한다.

지난번 딸과 여행하며 어릴 적 이야기를 했다. 아빠가 통제하고 간섭했던 게 그때는 싫었는데 나이가 들면서 올바른 사람으로 자랐다는 자부심이 생긴다고 했다. 큰 산처럼 무섭기만 했던 아빠가 늙었다고 생각하면 울컥할 때가 있다며 날 더러 아빠랑 사이좋게 지내라고 당부한다. 애들에게 엄격했던 아빠의 행동이 부정적으로 자리하지 않았다는 것만으로도 다행이다.

강데렐라와 며느리는 점심 먹고 서울로, 막내아들은 여수로 갔다. 쉬고 싶을 텐데 아빠 생일이라고 주말까지 반납하고 온 며느리 마음이 더 예쁘다. 이제는 애들 문제로 싸우지 않는다. 남편에게 "자기 말이 법이라도 되냐?"고 따지며 강압적으로 하지 말라고 목소리를 높이지도 않는다. 요즘 남편은 "자네 알아서 하소"를 달고 산다.

1가구 2주택

그 일이 있고 아침마다 경제 신문을 읽었다. 영등포 구청 부근 당산동에 소형 아파트를 분양한다는 광고가 눈에 들어왔다. 분양 사무소로 전화했더니 방문해서 상담을 받아 보라고 했다. 서울에 조그만 아파트라도 한 채 기필코 마련하리라 다짐하고 있던 터였다.

애들(딸과 아들)이 사는 원룸을 옮길 때가 되었다. 부동산 하는 친구에게 부탁했더니 방을 구했다고 연락이 왔다. 집을 옮기려고 보니 모든 것이 세입자에게 불리했다. 집주인에게 계약했던 날짜보다 일찍 방이 구해져 이사한다고 말했다. 건물에 딸린 대부분의 원룸은 부동산 업자가 전체를 관리하고 주인은 세입자와 계약할 때만 얼굴을 비쳤다. 부동산 사장에게 전화가 왔다. 새로운 세입자 이사 비용과 계약 날짜를 어겼다고 돈을 요구했다. 그런 법이 어디 있냐고 따졌다. 그동안 모든 세입자가 그렇게 했다고 한다. 나는 대법원 판례까지 찾아 들이밀면서 그렇게 못 하겠다고 맞섰다. 서울에서 오랫동안 부동산을 운영한 업자를 이길 수 없다는 걸 알지만 부당한 요구에 굴복하고 싶지 않았다. 몇 날 며칠 실랑이를 벌이다 나 같은 사람은 처음이라면서 반씩 부담하자고 했다. 집 없는 사람이 서럽다더니 그 말을 실감했다.

서울 갈 때마다 아파트에 사는 사람이 부러웠다. 그 넓은 땅, 그 많은 집 중 우리 가족이 두 다리 뻗고 누울 곳이 없다는 것을 생각하면 우울했다. 서울에 애들이 없었으면 관심도 갖지 않았을 텐데, 집을 옮겨 다니다 보니 욕심이 생겼다. 서울 아파트는 내게 동경의 대상이었다. 그때부터 경제 신문을 신청해 읽었다. 매달 나가는 집세와 대출을 받을 때 이자를 계산하니 별 차이가 없었다. 무리해서라도 집을 마련하는 게 더 낫겠다는 생각이 들었다. 남편에게 말하니 알아서 하란다.

금요일 조퇴를 하고 서울로 갔다. 딸과는 미리 연락해 터미널에서 만나기로 했다. 도착하자마자 모델 하우스로 향했다. 비가 추적추적 내렸다. 새 아파트를 계약한다니 딸은 들뜬 모양이다. 혹시 사기당할까 봐 겁났지만 대전에서 유명한 건설사가 분양하는 거라 안심했다. 지방에서 간다고 예약해서인지 이사라는 분이 나와서 우리를 맞이했다. 직원에게 설명을 듣고 나서 현장에 가 보고 싶다고 했더니 멀지 않다며 이사님이 직접 안내한다. 가면서 주변 건물을 살펴보았다. 길이 넓어서 다행이다. 아들도 그렇지만 딸이 사는 곳이라 골목은 될 수 있으면 피하고 싶었다.

아파트 현장에 도착하니 폐기물들이 흩어져 있었다. 아직은 빈터지만 맨 앞 동이 어느 쪽인지, 입구에서 얼마나 떨어졌는지 이사님은 하나하나 자세하게 설명해 주었다. 지하철이 가깝다고 해서 걸어 보니 5분도 걸리지 않았다. 지하철 입구에서 아파트가 바로 보였다. 영등포 구청이 가깝고, 앞에 성당이 있어 더 안심했다. 상가가 많아 늦은 밤도 불이 켜져 환하다고 했다. 주변 시설이 생활하는 데 불편이 없어 보였다. 우리는 동선도 재보고 어디가 좋을지 하나하나 살폈다. 그래도 맨 앞 동이 나을 것 같아 그렇게 정하고 다시 사무실로 갔다. 원하는 높은 층은 다 나가고 이사님은 5층을 권했다.

18평을 할까 20평을 할까 고민되었다. 지금이라면 무리해서라도 좀 더 넓은 평수를 선택했을 텐데 1평 차이로 몇천만 원이 왔다 갔다 하는지라 18평으로 정했다. 준비해 간 계약금을 내려니 손이 떨렸다. 드디어 나도 서울에 아파트를 갖게 된다는 생각에 가슴이 벅찼다. 좁은 평수지만 어쨌든 요즘 말하는 1가구 2주택이 되었다.

그렇게 있는 돈, 없는 돈 다 끌어모아 조그만 아파트에 입주하게 되었다. 소원 풀이했다. 아들과 딸은 처음 서울 와 창문도 없는 고시원에 살아봐서인지 부모님 덕분에 편하게 산다며 고맙다는 말을 자주 한다. 집값이 몇 억씩 올랐다는 뉴스를 들으면 그때 내가 했던 선택이 잘한 일이라 생각한다. 지금 서울에 집을 산다는 것은 꿈도 꾸지 못할 일이 되었으니 말이다.

요즘 엘 에이치(LH)사태로 전국이 시끄럽다. 보통 사람들은 상상할 수 없는 액수의 돈을 쉽게 마련해 여기저기 땅을 사 둔 걸 보면 능력이 좋은 사람들이다. 못 하는 사람이 바보가 되는 세상이다. 투기하는 사람들만 도덕 불감증에 걸린 것이 아니라, 그 소식을 매일 듣는 나도 돈 액수에 감각이 없어지면서 판단력이 흐려진다.

집 없는 사람들에게 내 집 마련은 평생의 목표다. 한 채에 9억, 10억, 15억이라니 헛웃음만 나온다. 좁든 넓든 우리 같은 보통 사람이 아껴서 저축한 돈으로 원하는 집을 살 수 있는 세상이 왔으면 좋겠다. 집값이 안정되었다는 소식은 언제나 들리려나.

3부
나 어릴 적에

비우기
친구가 없어요
성은 '화'요 이름은 '이자'
나 어릴 적에
엄마가 처음이야
술에 취하다
환갑을 맞다
고마운 형님
연례행사
가는 날이 장날
남은 자의 변명
부자되는 법
역사의 한 순간

비우기

엄마가 떠난 지 벌써 두 달이 지났다. 가끔은 현실이 믿어지지 않고, 전화하면 목소리를 들을 것 같은 착각에 빠지기도 하지만 평소처럼 하루를 맞이하고 보낸다. 그래도 언니가 영정 사진을 액자로 만들어 준 덕분에 아침마다 환하게 웃는 엄마를 만난다. 멍한 눈으로 나를 보던 마지막 얼굴이 생각나 마음 아프지만 좋았던 일만 기억하려고 한다.

장례를 끝내고 가족회의를 했다. 집은 팔아서 5남매가 똑같이 나누고 물건은 가까이 사는 언니와 내가 치우기로 했다.

몸은 떠났지만 흔적은 그대로 남는다. 노인 한 사람이 사는 집이지만 짐이 많았다. 장롱과 서랍, 창고를 열어 보니 이불이며 입었던 옷, 아깝다며 버리지 못한 쓰지도 않은 물건이 가득했다. 자식 여섯을 키우느라 무엇이든 아끼며 살았던 엄마는 생활에 여유가 생기면서 유독 옷만큼은 비싼

것을 입었다. 밤낮으로 바느질만 하느라 몸치장은 꿈도 꾸지 못한 지나간 세월이 야속해 그것으로라도 보상받고 싶었을 것이다.

엄마는 새 옷을 사면 내게 전화해 꼭 집으로 오라고 한다. 아마 가격이 신경 쓰여 공감받고 싶은 마음이 컸을 것이다. 속으로야 너무 비싸다고 생각했지만 "예쁘다.", "잘했다." 라고 말했다. 돌아가시고 나니 그렇게라도 한 게 얼마나 다행인지 모른다. 입고 흐뭇했다면 값은 충분히 했다.

남동생 부부가 사준 밍크코트와 모자는 언니, 주황색 자켓과 겨울 반코트는 내가 가졌다. 우리 어릴 때 사진, 폼 꽤나 낸 부모님 젊은 시절 사진, 아버지가 모아 둔 옛 그림들(아버지는 고서화 모으는 취미가 있었다), 고서화 액자, 8폭짜리 병풍까지 거실이 꽉 찼다. 사진은 각자 고르고 병풍과 액자는 버리기 아까워 그림만 떼어 필요한 사람이 가져가기로 했다.

몇 개 남은 장독과 엄마가 쓰던 재봉틀은 내가 챙겼다. 우리가 태어나기도 전 처음 바느질을 시작하면서부터 몇십 년 동안 눈물과 한숨, 땀과 노력이 새겨진 손때 묻은 유품(재봉틀)인데 고물상에 버리고 싶지 않았다. 세월과 함께 녹슬고 볼품없지만 몸체는 보관하고, 다리는 차 테이블이나 콘솔로 만들려고 한다. 스프레이를 뿌려 녹을 없애고, 나무 상판을 짜 얹으면 요즘 유행하는 인테리어 소품이 된다. 그렇게 물건만 모아 두고 헤어졌다.

광양에서 기독서점을 운영하는 언니가 시간 날 때마다 집에 들러 조금씩 치웠다. 언니는 와이따블유씨에이(YWCA) 회장과 교회 여전도회장을 하며 매달 요양원과 사람이 찾지 않는 곳 봉사 활동을 많이 다녀서인지 잘 알았다. 옷과 이불은 그곳으로 보낸다고 했다. 치매 노인이 많아 오줌, 똥을 수시로 치워야 해 허드렛 이불과 옷이 많이 필요하고, 세탁기와 식탁, 그릇은 일하는 사람이 쓴다고 한다. 그렇게 하나씩 엄마 흔적을 없앴다.

장농과 오래된 물건을 처분해 주는 용달차가 오기로 했으니 필요한 것 가져 가라며 언니에게 전화가 왔다. 출근한답시고 아무것도 도와주지 못했는데 가서 보니 그 많은 것을 혼자서 다 정리했다. 창고에 있는 짐까지 빼고 나니 찌꺼기만 뒹굴 뿐 빈방과 거실이 적막하고 휑하다. 엄마가 누웠던 자리를 다시 봤다. 삶과 죽음이 넘나들던 곳이다. 집까지 팔리면 마음대로 드나들었던 이곳도 기억으로만 남는다.

재봉틀을 싣고 집으로 왔다. 안방, 거실, 부엌, 작은방, 창고, 서랍까지 하나하나 열어보았다. 쓰지도 않은 물건이 먼지만 뒤집어쓴 채 쌓여 있다. 심지어 아까워 버리지 못한 애들 어릴 때 썼던 학용품까지 그대로다. 무소유는 '아무것도 갖지 않는 것이 아니라 불필요한 것을 갖지 않는다고 한 법정 스님 글귀가 생각났다. 내가 죽고 나면 애들이 정리하면서 암담하겠다는 생각이 들었다.

생각이 거기에 미치니 이것저것이 눈에 거슬린다. 서랍과 창고에서 안 쓰는 물건을 꺼냈다. 제대로 보니 많이도 쟁여 놓았다. 이번 기회에 작정하고 오래된 책과 옷장을 정리하려 한다.

쉰이 넘으면서 웬만하면 살림살이는 사지 않으려 했다. 그런데 또 어느새 이곳저곳이 채워졌다. 작년에 냉장고를 새로 사 정리하려고 냉동실에서 꺼낸 식품이 큰 다라이 두 개도 모자라 식탁 위까지 차지한 걸 보고 많은 양에 놀랐다. 스스로를 나무라며 필요한 만큼만 사야겠다 다짐하지만 세일(sale) 유혹에서 벗어나지 못하고 결국 버리면서 다시 채우는 어리석은 행동을 반복한다.

엄마 집 정리하며 다짐했던 일을 요즈음 실천 중이지만 마르지 않는 샘물처럼 솟는 욕심을 조절하기가 쉽지 않다. 그래도 의식하며 순간순간 나를 채근한다. 채울 것은 물건이 아니라 마음이다. 비워낸 만큼 가벼워지리라.

친구가 없어요

광주교대 1년 선배인 둘째 시누이가 제주도 둘레길 15코스를 걷다 찍었다며 사진 여러 장을 카톡으로 보내왔다. 고등학교 친구와 제주도 15일 살기를 한다고 했다. 나도 알고 있는 고등학교 선배다. 군데군데 뭉쳐있는 구름과 바다를 배경으로 두 사람은 마주 보며 활짝 웃고 있었다. 흰색과 푸른색이 대비되어 사진은 더 선명했다.

시누이는 정년을 3년 남기고 올 초 명예퇴직을 했다. 같이 퇴직한 사람들과 여행 모임을 만들어 전국을 돌아다닌다. 나는 언제쯤 저런 호사를 누릴까 부러웠다. 그녀는 진한 우정을 나누는 친구가 여럿 있다. 순천 내려올 때마다 서로 자기 집으로 오라며 부른다. 고등학교부터 지금까지 관계를 이어오고 있는 것을 보면 대단하다는 생각이 든다. 그럴 때마다 나를 돌아보곤 했다.

교사가 되겠다는 꿈도 없이 대학은 가야 할 것 같아 어쩌다 교대를 갔다. 1980년 3월, 처음으로 집을 떠나 낯선 곳에서 혼자 결정하며 살아야 한다는 게 두렵기만 했다. 몸과 마음이 꽁꽁 얼었고 앞이 캄캄했다. 날씨까지 매서웠다. 첫날 과를 정한다고 했다. 진로 교육을 받아 본 적도 없고, 무엇을 잘하는지, 앞으로 무엇을 해야 할지 아무런 계획도 없던 터라 혼란스러웠다. 고민하다 미술반으로 정했다. 그림 그리는 것을 배우고 싶었다. 마침 고등학교 동기 다섯 명이 한반이 되었다.

생각과는 다르게 미술반에 들어온 학생은 다들 그림을 잘 그렸다. 아무것도 모르고 들어간 사람은 나와 몇 명의 남학생뿐이었다. 그런다고 따로 화실에 다닐 수도 없었다. 미술 도구 살 돈도 없었고, 그런 말은 입 밖에 내기도 싫었다. 실기에 뒤처진 학과 생활은 재미없었다. 의욕도 없이 학교만 왔다 갔다 하는 와중에 같은 학교 출신 친구는 그나마 나를 지탱해 준 힘이 되었다.

우리는 생애 처음으로 미팅도 함께 했고, 광주 주변으로 여행도 다니며 2년 내내 같이 했다. 순천여고 5인방이라는 별명까지 얻으며 서로를 챙겼다. 그러다 졸업하고 각기 다른 지역으로 발령이 나면서 자주 만날 수 없었고, 가끔 소식만 들었다. 한 명은 기회가 되어 서울로 올라갔고, 한 명은 경상도, 나와 두 친구는 전라도로 발령이 났다. 다들 어린 나이에 교사로 자리매김하느라 정신이 없었을 것이다. 그래도 여천 삼일면에서 근무하게 된 친구와는 계속 만났다. 나는 화양면으로 발령이 나 집에서 통근했고, 그 친구는 순천서 고등학교 다니는 동생과 자취를 하고 있어 서로 시간을 낼 수 있었다. 우리는 매주 금요일 퇴근하고 다방에서 만나 우리의 미래와 일주일간 학교에서 있었던 일을 이야기했다.

어느 금요일, 둘이 다방에 있는데 때마침 오빠가 친구와 함께 들어온다. 어릴 때부터 한동네서 같이 자란 사람이라 허물없이 네 명이 합석하게 되었다. 이야기하다 보니 두 사람 소개팅 자리가 됐다. 그날 이후 오빠와 내가 다리가 되어 둘은 계속 만났고 결혼까지 하게 되었다. 그렇게 계속 만나다 아이 낳아 키우느라 바빠지면서 더 이상 그런 시간을 갖지 못했다. 직장 다니며 아이 셋을 키우는 일은 전쟁이었다. 퇴근하면 애 데리러 가기 바빴고 휴일이면 미뤘던 일 하느라 다른 데 신경 쓸 겨를이 없었다. 시간 여유가 있으면 잠이라도 한숨 자고 싶어 만나자는 전화에도 이런저런 핑계로 나가지 않았다. 그게 길어지다 보니 만나면 어색하고 급기야는 멀어지게 되었다.

그 친구뿐 아니라 다른 애들도 마찬가지다. 만나자는 연락이 와도 나갈 수가 없었다. 남편도 바쁘기는 마찬가지였다. 고등학교 입시가 있을 때라 중3 담임은 지금 고3 담임만큼 힘들었다. 야간 자습으로 매일 열한 시가 넘어야 집에 들어왔고 주말까지 출근했다. 명문 순천고등학교에 몇 명을 합격시키냐에 따라 담임의 능력을 평가할 때였다. 이런 생활이 계속되다 보니 자의 반 타의 반으로 친구를 아예 잊고 지냈다.

세 아이가 다 독립했다. 내가 신경 쓰지 않아도 된다. 이제는 마음대로 여행 다니면서 하고 싶은 것 할 수 있는 시간 여유가 생겼는데 같이 다닐 친구가 없다. 남편은 이제라도 만나 보라고 한다. 친구도 자주 만나 서로의 생활을 알아야 할 이야기가 있지 오랜만에 만나면 안부를 묻는 것 말고는 할 말도 없고 더 서먹하다. 둘째 시누이처럼 오랜 세월 정성과 사랑을 쏟아야 친구 관계도 유지되는데 나는 그러질 못했다. 가장 후회되는 일이다.

비록 마음을 나누는 옛 친구는 없지만 학교 근무하며 만나 현재 친하게 지내는 동료와 선배, 후배는 잃지 않으려 한다. 나이가 드니 친구의 소중함이 더 크게 다가온다.

성은 '화'요 이름은 '이자'

결혼하고부터 다니는 미용실이 있다. 뭐든 한번 인연을 맺으면 웬만해서는 바꾸지 않아 지금까지 다닌다. 자주는 아니고 1년에 두세 번, 그것도 앞머리가 눈을 가려 더 이상 참을 수 없어야 간다. 손님이 많으면 차례 기다리느라 지루하기도 하고, 작은 의자에 앉아 장비를 달고 두세 시간을 견뎌야 해 큰맘 먹고 간다. 어쨌든 40년 가까이 갔으니 단골이다.

여름 방학이 끝날 무렵 파마기가 없이 풀어진 머리가 꼴 보기 싫어 미용실을 갔더니 공사 중이다. 지난번에 월세가 만만치 않아 2층 건물을 사서 살림집과 가게를 겸한다며 앞으로는 그곳으로 오라고 하기에 문을 열었을 거라 생각했다. 개학이 코 앞인데 더 미룰 수 없어 아파트 부근 남편이 자주 다니는 미용실로 갔다.

처음이라 어색한데 손님까지 많아 한참을 뻘쭘히 앉아 기다려야 했다. 내 차례가 되자 가운을 입고 의자에 앉았다. 긴 머리는 조금 자르고 자연스러운 파마를 원한다고 했더니 원장님이 세팅 파마를 권한다. 머리를 약간 자르고 몇 가지 약을 바른 후 열이 나는 기구를 붙인다. 1시간쯤 지나 유연제를 바르고 감은 후 마무리 손질을 했다. 다른 때 보다 30-40분은 빨리 끝나 다행이라 여기며 거울을 보니 하다 만 것처럼 부스스하다.

집에 돌아와 일을 하는데 파마한 머리가 계속 신경 쓰인다. 아무리 자연스럽다 해도 축 처진 것을 보니 화가 났다. 적은 돈도 아니고 12만 원씩이나 줬는데 볼수록 짜증이 났다. 거울을 보며 신경질을 냈더니 남편이 그러지 말고 한번 가 보라고 한다.

다음 날 퇴근하고 미장원에 갔다. 머리를 보여주며 파마가 전혀 나오지 않았으니 다시 해 줬으면 좋겠다고 했다. 원장님은 세팅 파마가 원래 그런 거라며 이만하면 잘 나왔다고 한다. 그래도 약간 웨이브가 있었으면 좋겠다고 했더니 마지못해 앉으란다. 끝나고 거울을 보니 어제보다는 훨씬 마음에 들었다. 원장님도 그제야 전날보다 낫다고 했다. 단골을 바꿀 기회는 사라지고 말았다.

그 일이 있고 한동안은 미용실을 가지 않았다. 그러다 엄마 초상을 치르고 쉬는 시간이 생겨 단골 미용실을 찾았다. 오랜만에 왔다며 반갑게 맞아준다. 마침 손님이 없어 기다리지 않아도 되었다. 내 취향을 알기에 길이만 조금 자른다고 했더니 알아서 해 준다. 오래 알고 지내는 사람이 주는 편의는 이래서 좋다.

열기구를 뒤집어쓰고 있는데 손님이 들어온다. 미용실에 있으면 시간이 걸려 지루하기는 하지만 세상 돌아가는 이야기를 들을 수 있어 재미있다. 아무 것도 아닌 일을 살을 붙여 배꼽 잡게 하고, 신나게 남을 욕하기도 하고, 시댁과 남편 흉도 보고. 자식과 재산을 자랑하기도 한다. 다들 한마디씩 하다 보니 별의별 이야기가 다 나온다. 눈을 감고 손님이 하는 이야기를 듣고 있으면 '모든 길은 로마로 통한다'가 아니라 '모든 이야기는 미용실에서 나온다'라는 말이 생각난다.

원장님도 빠질세라 한마디 거든다며 엄마 이야기를 한다. 코로나 백신을 접종하러 갔는데 병원에 사람이 많더란다. 다들 가슴에 화-이-자 라는 명찰을 붙이고 있어 '이자'라는 이름을 가진 사람이 많다고 생각했는데 본인에게도 같은 이름표를 주었다는 것이다. 그래서 간호사에게 자기는 "화이자가 아니고 오인례"라며 맞는 이름표를 주라고 했단다. "하하하", "호호호" 여기저기서 큰소리로 웃고 난리다. 백신 이름을 모르는 엄마 때문에 병원에 있던 많은 사람이 얼마나 웃었겠냐며 열변을 토한다. 그 장면을 상상하니 웃음이 터져 나왔다. 일반 상식이 부족한 원장 어머니의 재미있는 경험담은 계속되었고, 갖가지 색 보자기를 뒤집어쓴 손님은 손뼉을 치며 몸을 흔든다.

익숙한 것은 사람을 편하게 한다. 반면 새로운 것은, 마주하며 설레고 즐겁기도 하지만 동시에 사람을 긴장하고 주눅 들게 한다. 그래서 단골을 찾나 보다. 나이가 들수록 오랜 시간 함께한 묵은 것이 좋다.

나 어릴 적에

2021년 여름 방학은 다른 학교보다 일주일이나 길었다. 그런 이유로 겨울 방학은 1월도 중순이 지난 17일에야 했다. 요즈음은 2월 봄방학 없이 12월 모든 학기를 끝내는 학교가 많다. 그래도 1월 중순에 하는 방학은 너무 늦다. 오미크론이 빠르게 퍼져 걱정했는데 그나마 학생들이 집에서 생활하게 되어 다행이다. 늦었지만 나도 여유 시간이 생겼다.

코로나는 졸업식 풍경도 바꿔 놓았다. 부모님과 후배들 배웅도 없이 교실에서 담임 선생님에게 졸업장과 상장을 받는 것을 끝으로 초등학교 6년과 작별했다. 몇 명의 학생이 고마웠다며 수석실로 찾아와 인사한다. 올 6학년은 친구처럼 잘 통해 수업하는 게 재미있었는데 잊지 않고 찾아줘 고마웠다.

아쉬움을 뒤로하고 교실을 정리하는데 학생들 집으로 보내지 말라는 방송이 나온다. 무슨 일인지 교무실로 내려갔다. 분위기가 뒤숭숭하다. 학교 공사하러 온 아저씨 중 한 분이 확진자로 마스크를 벗은 채 교실과 복도를 돌아다니며 담배까지 피웠다고 한다. 보건소에서 전교생 코로나19 전수 검사를 하러 온다며 기다리라고 했단다. 6학년은 졸업식 끝나고 곧바로 집으로 갔는데 담임이 전화해 다시 학교로 오라고 했다. 다들 점심 먹으러 간다고 좋아하더니 툴툴거리며 교실로 들어온다. 아이들에게는 평생 기억에 남는 초등학교 졸업식이 될 것 같다.

교문 안쪽에서 검사가 시작되었다. 교사들도 학생 뒤로 서서 기다렸다. 엎친 데 덮친다고 매서운 바람에 눈까지 날려 코끝이 시렵다. 빨리 끝났으면 하는 마음으로 순서를 기다리는데 한쪽에서 1학년 아이 우는 소리가 들린다. 무섭다며 몸을 빼려는 아이를 여러 명의 선생님이 팔다리, 얼굴과 몸을 붙잡고 검사자는 코에 면봉을 넣으려고 한다. 처음에 어른인 우리도 겁났는데, 여덟 살 아이는 얼마나 무서울까 어릴 적 나를 본 것 같다. 한참 실랑이하고서야 겨우 검사를 끝낸 아이 얼굴은 눈물 콧물이 범벅이다.

내가 살던 곳은 순천 구도심이다. 지금은 '문화의 거리'로 많은 예술가가 공방을 하며 다양한 체험을 할 수 있는 곳으로 탈바꿈했지만 옛날에는 골목이 많았고 쓰레트 지붕에 양철 대문과 페인트가 벗겨진 나무 대문 집이 대부분이었고 일본식 다다미 집도 몇 채 있었다. 우리 집은 서향으로 흙

돌담으로 지어진 갈색 나무 대문이었다. 후에 돌담을 부수고 시멘트를 발랐는데 여름이면 햇볕에 달궈진 벽 때문에 얼마나 더운지 방학이면 집보다 바깥 평상에서 지내는 시간이 많았다.

집 건너편에 미장원, 향교에 자주 가는 할아버지 부부의 일본식 다다미 집 만화방, 우리 집과 나란히 붙어 있는 친구 집인 김 약국, 그 앞에 천막을 둘러 만든 점방이 있었다. 1원짜리 눈깔사탕과 2원짜리 우유 과자, 입에 넣으면 사르르 녹는 종이 과자, 무지개 색깔 사탕, 큰 구슬 같은 사탕 등 지금은 불량 식품이라 부르는 과자가 대부분이었다. 먹을 것이 귀하던 그때 우리가 가장 가고 싶었고 눈독 들인 곳이다. 며칠에 한 번씩 앉은뱅이 상자를 놓고 땅바닥에 앉아 달고나(그때는 띠기라고 함)를 만들어 파는 아저씨가 동네를 찾아오곤 했다. 5원을 주면 하나를 받아 누름쇠로 찍은 모양을 그대로 떼어 가져가면 보너스로 한 개 더 주었다. 요즈음 오징어 게임에서 한창 유행하는 바로 그 추억의 달고나다.

그 시절 내가 유일하게 접하는 문화생활은 앞집 할아버지 만화방에 가는 것이다. 아버지에게 소리 꽤나 들었다. 왜 그렇게 못 보게 했는지, 그래도 몰래 가서 이상무, 이근철, 임창, 엄희자가 그린 만화를 주로 봤다. 그중 독고탁이 주인공인 이상무 선생님 작품을 가장 좋아했는데 나오는 족족 다 읽고 새로운 작품을 기다리다 주인 할머니에게 물어보곤 했다.

초등학교 저학년 때로 기억한다. 이가 썩어 아린데도 치과 가는 게 무서워 끙끙 앓았다. 볼이 퉁퉁 부어오르고 나서야 엄마 눈에 띄었다. 혹시 치과에 가자고 할까 봐 밖으로 도망가다 엄마에게 잡혔다. 문을 열고 들어서자 다시 뛰었다. 치과에 가는 건 죽기보다 싫었다. 온 동네를 뛰어다녔다. 어린 내가 '뛰어봤자 부처님 손바닥 안'이라고 결국 엄마에게 잡히기는 했지만 치과에 안 간다고 목놓아 운 덕분에 결국 치료를 포기하고 집으로 돌아왔다.

그 후로도 이 치료를 하려면 여러 사람이 붙들어야 했다. 그래서인지 지금도 이가 좋지 않다. 치료 시기를 놓쳐 어금니 대부분이 다른 것으로 덮여 있다. 이 가는 기계 소리는 공포스러웠고, 치료가 끝나면 온몸이 아팠다. 어른이 되어서도 치과는 여전히 무섭다.

가족이 모이면 엄마는 꼭 어린 시절 치과 이야기를 한다. "아이고 저놈의 가시네 치과 한 번 데리고 가려면 온 동네가 시끄러웠다. 녹양간 골목으로 잡으러 다닌 것을 생각하면…" 엄마 목소리가 아직도 귀에 생생하다.

친정집에 가려면 어린 시절 살던 곳을 거쳐 간다. 흙길이 시멘트로 바뀌고 집이 새로 지어진 것 말고는 길 폭과 골목은 그대로다. 팔방 놀이, 깡통 숨바꼭질, 삼팔선 놀이, 뻰 따먹기. 자치기(우리는 똥딱기라고 했음), 잡기 마질, 고무줄 놀이하며 즐거워하는 국민학생인 나와 친구들을 본다. 같이 놀던 그 시절 꼬마들은 어떻게 살고 있을까? 어려웠지만 정겨웠던 그때가 그립다.

엄마가 처음이야

누구나 부모는 처음이다. 아이만 낳으면 우리네 엄마, 아버지처럼 부모 노릇이 그냥 되는 줄 알았다. 스물다섯에 결혼해 아이 셋을 낳았다. 부모 교육을 따로 받지도 않았고 육아 도서 한 권에 의지해 실수가 많았다. 아이를 키울수록 지혜가 는다지만 경우의 수가 많아 당황스러울 때가 한두 번이 아니었다. 큰애가 가장 큰 희생양이다. 육아가 어려운 것은 실수를 반복할 수 없다는 데 있다. '괜찮아'가 통하지 않는다. 내 실수가 아이 성장의 일부분이 되기 때문이다.

1985년, 시아버님이 준 이층 주택에서 신혼을 시작했다. 방 세 개, 거실, 부엌, 화장실이 있는 일층은 우리가, 좁은 방 두 개가 있는 위층은 다른 신혼부부가 사용했다. 마당에는 창고, 바깥 화장실, 보일러실이 있었다. 지금은 보기 어려운 연탄보일러를 사용할 때라 남편이 늦게 들어오는 날이면 현관 밖으로 나가기가 무서워 연탄불을 죽이기 일쑤였다. 또 버스 정류장이 멀고 자가용도 없어 아이들 데리고 다니기도 힘들었다. 택시 한 대 잡는 것도 애를 먹었다. 아이 둘 데리고 손을 들면 그냥 가 버린다. 이곳에서 딸과 아들을 낳아 큰딸이 다섯 살, 둘째가 세 살 될 때까지 살았다.

마침 순천에 첫 민간 아파트를 분양했다. 경쟁률이 센 편이었는데 당첨됐다. 주택을 팔고 이사하기로 했다. 한층 한층 올라가는 아파트를 보니 빨리 새집으로 가고 싶었다. 드디어 1992년 8월 기다리던 아파트로 옮기게 되었다.

전세가 아닌 내 집에서 시작했는데 그래도 새집으로 옮긴다니 설렜다. 침대, 커튼, 아이 책상만 사고, 웬만한 것은 그냥 쓰기로 했다. 지금이야 청소 업체에 맡기면 되지만 그때는 청소도 우리가 직접 했다.

들뜬 마음으로 이른 아침을 먹고 두 아이를 맡기러 시어머니 집으로 갔다. 큰동서가 와 있었다. 어머니가 몸이 좋지 않다고 해 왔다며 큰 찜통에 곰국을 끓인다. 잘됐다 싶어 아이를 부탁하고 고무장갑, 걸레, 수세미, 세제, 비, 쓰레받기를 챙겨 집을 나섰다.

새 아파트는 입주하는 사람들로 북적였다. 엘리베이터를 타고 13층으로 갔다. 처음 타보는 것이라 떨어질까 겁났다. 손잡이를 꼭 잡았다. 집 앞에 멈추자 어지럽기까지 했다. 정신을 차리고 현관문을 열었다. 텅 비어선지 넓었다. 집 이곳저곳을 보며 가구 배치를 생각했다. 베란다에서 아래를 내려다봤다. 아찔했다. 고무장갑을 끼고 청소를 시작했다. 몇 번을 쓸고 닦아도 한없이 먼지가 나왔다. 붙박이장 구석구석까지 닦고 나니 몸이 녹초가 됐다. 남편과 점심을 먹고 다시 어머니 집으로 갔다.

후련한 마음으로 현관문을 열고 들어서니 부엌 바닥에 소주병과 그릇들이 널려 있다. 어머니랑 형님도 보이지 않았다. '무슨 일이 있구나!' 불길한 생각에 거실로 뛰었다. 다섯 살 딸이 놀란 얼굴로 "엄마, 주엽이가 곰국에 데어 할머니랑 큰엄마가 데리고 병원으로 갔어."라고 말한다. '펄펄 끓었을 텐데!' 눈앞이 캄캄했다.

남편과 밖으로 뛰어나가 택시를 잡았다. 의자에 앉아 몸부림치며 소리 내어 울었다. 기사님이 놀라 무슨 일이냐고 묻는다. 남편은 차분하게 설명한다. 빨리 가자며 재촉했다. 시청 옆 병원까지 채 십 분도 걸리지 않는데 천 리 길이다. 이런저런 상상으로 미칠 것 같았다. 응급실로 냅다 뛰었다.

아들은 맨몸으로 얼굴과 팔, 가슴까지 흰 붕대를 감고, 왼쪽 머리 앞부분에 링거를 꽂고 있다. 주렁주렁 단 장비가 더 충격이었다. 어머님과 형님도 많이 놀랐던지 정신이 나간 얼굴이다. 나는 발을 동동거리며 병원이 떠나가도록 크게 울었다. 남편은 진정하라는데 내가 진정하게 생겼는가? 체면이고 뭐고 아무것도 보이지 않았다.

의사 선생님을 붙들고 어떠냐고 물었다. 걱정말라며 치료하면 괜찮다고 위로한다. 어머님이야 몸이 아파 누웠다 치더라도 형님이 원망스러웠다. 내 부주의로 이런 일이 생겼는데 누구를 탓할 것인가? 다친 상처야 새살이 돋으면 되지만, 덴 흉은 흉측하게 남는다. 약 기운 때문인지 아들은 잠이 들었다. 쳐다보고 있자니 억장이 무너졌다.

어머님은 큰방 침대에, 형님은 작은방에 누워 있느라 아들이 부엌 쪽으로 가는 걸 보지 못했다고 했다. 자지러지게 우는 소리가 나서 가 보니 펄펄 끓는 국물이 넘쳐 아들 왼쪽 머리 위부터 팔과 배 위까지 덮쳤다고 한다. 소주를 들이붓고 병원으로 달려왔단다.

'많이 데었으면 어쩌지?' 상처를 볼 엄두가 나질 않았다. 소독할 때 보니 얼굴과 쇌보나 왼쪽 가슴 아래로 범위가 넓었다. 다행히 방학이 되어 아이를 돌볼 수 있었다. 날이 더워지면서 상처가 곪을까 조심스러웠지만 날마다 "후후" 불며 소독하고 시원하게 했더니 딱지가 생겨 꼬들꼬들해졌다. 비로소 한숨 돌렸다.

다행히 좋아져 계획했던 날 새 아파트로 이사했다. 얼굴과 팔은 희미하게, 왼쪽 가슴 아래는 선명하게 큰 흉이 생겼지만 그만하길 다행이라 여긴다. 지금도 그때를 생각하면 머리카락이 쭈뼛 선다.

작년 10월, 결혼하기 전 큰아들에게 흉이 어떤지 보자고 했다. 다행히 얼굴과 팔은 안 보이고 가슴 아래도 거의 눈에 띄지 않을 만큼 엷었다. 그때 이야기를 하면서 또 울먹였다. 아들은 웃으며 내 손을 잡는다. 지나간 일이라 쉽게 말하지만 만약을 생각하니 온몸에 소름이 돋는다. 두 번 다시 겪고 싶지 않다.

아이를 키우다 보면 이런저런 시행착오를 많이 겪는다. 엄마가 처음이다 보니 더 어렵다. 정해진 답도 없다. 지나고 나서야 조금씩 보이지만 그때는 이미 늦다. 그래도 그런 시간이 있었기에 부모로서 더 단단하고 성숙해졌다. 손자 녀석에겐 그런 실수 안 할 자신 있다. 실은 그것도 교만이다. 예기치 않게 생기는 경우 수를 생각해야지.

술에 취하다

소주 한 병, 내 주량이다. 아니 분위기에 따라 달라진다. 훨씬 더 많이 마실 수 있다. 그렇다고 맛을 알지는 못한다. 알코올이 들어가면 옆에서 하는 말이 멀리서 부르는 말처럼 희미하게 들리면 취했다는 신호다.

대학 1학년 때 우연히 오빠 친구들 모임에 따라가 처음 술을 마셨다. 맥주 몇 모금에 핑 돌았다. 발령받고는 고등학교 친구와 곱창집을 즐겨 다녔다. 아픈 언니를 보며 우울해지면 가끔 친구와 한잔하곤 했다. 그럴 기회가 없어서 몰랐지 내 유전자에는 술 잘 받는 디엔에이(DNA)가 있었다. 하긴 우리 아버지 딸인데.

아버지는 술독에서 헤엄친다고 할 만큼 술을 좋아했다. 취해 들어오는 날이 많았고 괜한 일에 트집을 잡고는 술이 깰 때까지 잔소리를 했다. 가족을 힘들게 하는 아버지가 싫어서 술 마시는 남자와는 결혼하지 말아야겠다고 결심했다. 생각대로 그런 남편을 만났고 술 때문에 마음고생 해 본 적은 없다. 남편과 딸, 아들 둘, 나만 빼고 모두 술만 마시면 온몸이 새빨개지면서 머리가 아파 견디지 못하고 집으로 들어와 곧바로 잠이 든다. 그런 술버릇은 백번도 감당할 수 있다. 그러고 보면 식구 중 내가 제일 세다.

오래전 서울에 사는 여동생이 집들이한다며 가족을 불렀다. 제부(동생 남편)가 다니는 에스비에스(SBS) 사원들이 조합을 만들어 파주에 땅을 사 전원주택을 짓는다고 하더니 완성되어 원하는 평수를 추첨하고 드디어 이사하게 되었단다. 딸이 새집으로 이사한다고 엄마가 더 좋아했다. 토요일에 내가 엄마를 모시고 가기로 하고, 언니와 오빠, 남동생, 우리 애들은 바로 동생 집으로 오기로 했다.

지금은 일산 신도시가 생기고 교통과 편의 시설이 좋아졌지만 처음에는 모든 게 불편했다. 딸랑 집만 지어졌고 필요한 것은 차를 타고 나가야 살 수 있었다. 그래도 새집은 가든파티를 할 수 있는 넓은 잔디 정원과 다른 곳보다 위쪽에 자리해 전망이 좋았다. 이층에서 내려다보니 주변 여기저기 이삿짐을 옮기는 사람들이 보였다. 제부 대학 선후배로 모두 다 아는 얼굴이란다. 어느 회사나 마찬가지지만 특히 방송국은 유난히 출신 대학을 따지며 각 방송국마다 주류를 이루는 대학이 있다고 한다. 어디나 그들만의 리그다. 어쨌든 아는 사람이 많아 좋은 점도 있겠지만 말 많은 이가 한둘이라도 있으면 생활하기가 조심스러울 것 같았다.

집 구경하는데 식구들이 하나둘 모여든다. 아이들도 오랜만에 만나서인지 모두 반가워한다. 그동안 집 장만하느라 고생했다며 동생 부부에게 덕담을 건네며 음식을 준비했다. 식구들이 모두 둘러앉자 엄마는 감격스러운지 이런 자리에 술이 빠질 수 없다며 여동생을 부른다. 교회 권사님이지만 회나 고기를 먹을 때면 소화제라고 꼭 내게 한 잔씩 권했다. 그날도 엄마와 나, 남동생, 제부는 주거니 받거니 했다. 언니와 여동생은 술 근처에도 가지 못한다. 특별한 날이라 말리지도 못하고 옆에서 지켜보기만 했다.

기분 좋아 마시는 술은 쉽게 취하지도 않는다. 그만 마시라는 딸과 식구들 말소리가 웅웅거리며 저 멀리서 아득하게 들린다. 그 정신에도 많이 취했다는 것을 직감했다. 남동생과 제부는 선수고 내가 식구 중 세다고 하지만 어쩌다 마시는 나는 하수인데 이런 자리는 처음이다. 눈앞이 빙글빙글 돌면서 말이 똑바로 나오질 않는다. 잠들면 괜찮겠지 생각하며 일어섰다. 몸이 마음대로 움직이질 않고 허공을 딛는 기분이다. 한 걸음 걷다 휘청하니 여동생이 부축한다. 속이 울렁거리며 토하기 일보 직전이다. 동생 팔을 붙들고 화장실로 갔다. 들어서자마자 바닥에 다 토했다. 동생은 그걸 치우면서 "이기지도 못하면서 뭔 술을 그렇게 마시냐?"며 한마디 한다. 제부와 조카들 보기 창피했지만 계단을 기어 비틀거리며 이층으로 올라가 침대에 그대로 쓰러졌다.

아침에 눈을 뜨니 천장이 빙빙 돈다. 언니랑 오빠, 남동생은 가고 없었다. 엄마는 며칠 더 쉬었다 오기로 하고 나는 비행기 시간에 맞춰 나가야 하는데 큰일이다. 잠자고 일어나면 괜찮을 줄 알았는데 속이 계속 울렁거리면서 어지러워 미칠 지경이다. 데려다준다는 애들을 집으로 보내고 비행장 가는 버스만 알려 주라며 동생 집을 나왔다.

혹시 몰라 봉투를 준비했다. 그렇지 않아도 차멀미를 하는데 술기운이 남았으니 몸이 즉각 반응한다. 버스가 움직이자 위액이 올라오면서 양쪽 턱 주변에서 신물이 돈다. 토하려는 징조다. 가방으로 가리며 비닐 봉투를 입에 댔다. 사람이 많지 않아 다행이었다. 순천까지 갈 일이 까마득했다. 땅바닥에라도 눕고 싶었다.

겨우 비행장에 도착해 화장실로 달렸다. 빈속에 나올 것도 없는데 계속 우웩 거린다. 거울을 보니 머리는 엉망이고 누렇게 뜬 얼굴은 꼴이 말이 아니다. 한심해서 웃음이 나왔다. 손님용 빈 의자에 몸을 기댔다. 그대로 잠들고 싶었다. 비행장을 찾아온 것만도 다행이다.

집까지 오는 길이 왜 그리 먼지, 착륙한다는 말이 구세주처럼 들렸다. 도착하자 바로 누웠다. 술 후유증이 며칠이나 갔다. 그 후로 한동안은 술만 보면 메스꺼워 넘어오려고 했다. 아무리 우리 아버지 딸이지만 정량이 있는데 이제는 무리하지 않는다. 아니 입에 대지 않는다. 그런 놈의 술은 왜 마시는지.

환갑을 맞다

2021년 12월 26일 환갑을 맞았다. 내게 닥칠거라고 생각해 보지 않았다. 아직 청춘인데 믿을 수 없었다. 부정하고 싶었다. 좋은 시절 다 보낸 인생의 황혼기에나 오는 것이라 여겼다. 어느새 환갑 나이가 되었는지 도무지 실감나지 않는다.

벽에 걸린 시아버지의 환갑 사진에는 갖가지 음식이 놓인 큰 상 뒤로 색색의 한복을 입고 머리까지 손질한 며느리와 여섯 자식, 손자 손녀로 꽉 찼다. 다들 앳되고 얼굴이 팽팽하다. 며칠 전부터 준비한 잔치 음식이 작은 방으로 가득했던 것으로 기억한다. 옛날에나 가능했던 일이다. 요즘은 가족끼리 여행을 가거나 식당에서 밥 먹는 걸로 대신한다.

평균 수명이 짧아 60 넘기가 어려웠던 시절 생긴 환갑이 이제는 큰 의미가 없어졌다. 생일 맞듯이 그렇게 지내고 싶다.

100세 시대라고들 한다. 절반을 훨씬 더 살았다. 한 가지 일을 십 년 넘게 하면 저절로 전문가가 된다고 한다. 60년을 넘게 살았으니 인생의 전문가가 되어야 하건만 산다는 건 여전히 어렵다.

남편은 매달 초가 되면 거실 탁자 위 달력에 일정과 행사를 표시한다. 12월 달력에 유난히 큰 글씨로 내 환갑이 적혀 있었다. 무엇을 해 주려는지 기대되었지만 모른 척했다. 주말에 서울 사는 아들 내외와 딸이 내려와 행사를 하기로 약속이 되었다고 했다. 아들과 며느리는 따로 12월 마지막 1주일이 휴가라며 2박 3일 강원도 횡성 여행을 계획했고 숙소까지 예약했으니 그 날짜에 맞춰 서울에서 만나자고 한다.

오미크론 변이 확산으로 사회적 거리 두기 사적 모임 가능 규모가 4인으로 축소되었다. 방송에서는 연일 확진자 수가 폭증한다고 떠들어 대는 판에 큰아들이 확진되었다는 전화가 왔다. 서울은 환자 수가 워낙 많아 걸리는 건 시간문제라 생각했는데 아니나 다를까 아들이 확진자가 됐다. 다행히 회사 동료 중 피해는 없다고 했다. 어디서 걸린 줄도 모르는 깜깜이인가 보다. 병실이 없어 집에서 자가 격리를 하고 보건소에서는 감기약만 줬다고 한다. 다음날 괜찮다던 며느리까지 확진되었단다. 아들에게 조심하지 그랬냐며 나무라고 싶었지만 본인도 걸리고 싶어서 그랬을까 싶어 꾹 참고는 의사 선생님이 시킨 대로 약 잘 먹고 몸조리하라고 말했다.

환갑을 맞다

그나마 2차 접종을 해서 다행이었다. 방송에서 후유증이 있다고 해 걱정됐다. 둘째 날 며느리가 열이 올라 해열제를 먹고 괜찮아졌다고 하지만 눈으로 확인할 수 없으니 별 상상을 다 했다. 다행히 큰 증상 없이 회복하고 회사에 출근한다. 남 일이라 여겼는데 주변에서 하나 둘 걸리기 시작한다.

몸이 중요하지 그까짓 환갑이 대수냐 싶어 아무도 내려오지 말라고 했다. 대신 가까이 있는 막내아들이 호텔 레스토랑을 예약했으니 저녁을 먹자고 한다. 큰아들과 딸은 오리털 패딩을 선물로 보냈고, 미안해 어쩔 줄 몰라 하며 막내와 좋은 시간 보내란다.

약속한 금요일 저녁, 제법 눈이 많이 내린다. 여수에서 근무하는 막내가 도착하면 전화한다고 천천히 나오라고 했지만 우리 부부는 미리 나갔다.

가까이 살지만 호텔 17층 레스토랑 야경이 멋지다는 것도 처음 알았다. 아니나 다를까 총천연색 빛이 볼만했다. 야경을 보는데 막내아들이 들어온다. 조금 기다리니 안심 스테이크에 와인까지 나온다. 그것도 술이라고 남편과 아들은 체질상 입에 대지 못하고 혼자 두 잔을 홀짝였다. 꽉꽉한 안심 부위가 내 입에 맞지 않았지만 그래도 성의가 고마워 맛있다며 먹었다. 아들은 바깥 야경을 배경으로 여러 장의 기념사진까지 찍어 준다. 그러면서 그동안 고생한 엄마께 주는 '최고의 어머니 상' 기념패를 주문했는데 아직 도착하지 않았으니 며칠만 기다려 주라고 한다.

레스토랑을 나오자 남편은 옷 사 준다며 백화점에 가자고 한다. 옷 대신 18금 귀걸이를 갖고 싶다고 했다. 막내아들을 먼저 보내고 남편과 금방으로 가 조그마한 것으로 샀다.

며칠 후 애들이 준비한 상패가 도착했다. '당신의 몸보다 더 소중히 아끼고 보살펴 주신 큰 은혜 머리 숙여 감사드립니다. 태산 같은 사랑과 헌신으로 키워주신 존경하고 사랑하는 우리 어머니! 환갑을 맞아 자식들이 마음을 모아 이 패를 드립니다. 항상 건강하고 아프지 마세요.'라는 내용으로 사진까지 넣었다.

61년을 살면서 가장 소중하고 의미 있는 상을 받았다. 그것도 우리 애들에게 말이다. 아직 늙지 않고 나이보다 훨씬 젊다며 객기를 부리기는 하지만 자연의 이치를 거스를 수는 없다. 대신 애들이 환갑을 챙겨줄 만큼 자랐으니 그걸로 됐다. 뿌듯하다.

요즘은 학교에서도 상이 넘쳐난다. 희소성이 사라진다고 하지만 어쨌든 윗사람은 물론이고, 친구에게든, 손아랫사람에게든 상 받으면 기분은 좋다. 환갑을 맞아 그동안 세 아이 키우며 힘들었던 것을 보상받았다. 이제는 얼마 남지 않은 정년 후 어떻게 살 것인가 고민해야겠다.

고마운 형님

시어머니 1주기 제사다. 평소 조상 모시기를 최고의 덕목으로 여기는 시아버지는 둘째 형님에게 제사상 음식 목록을 적어 주었나 보다. 이제는 자식들에게 맡겨도 될 텐데 96세 나이에도 모든 것을 본인이 시키는 대로 해야 하니 그 성격을 누가 말릴까. 몇 주 전부터 남편과 형님에게 매일 전화다.

기독교식으로 예배 보고 간단하게 밥 먹는 친정과는 달리 시댁은 절차와 음식 종류에 유난스럽다. 그런 아버님에게 불만이지만 며칠 전부터 혼자 준비하는 둘째 형님을 도와주지 못해 할 말은 없다.

제사를 앞두고 아버님과 큰형님, 시누이 남편이 확진되었다고 한다. 격리에 들어간 아버님 때문에 제사는 어머님 산소에서 지내기로 했다. 밤 열한 시가 낮 열두 시로 변경되어 다행이다. 집 제사가 아니어서 간단하게 해도 될 거라 좋아했는데 상에 올릴 음식은 다 하라고 했단다. 형님 속은 얼마나 부글부글할까?

둘째 형님은 예순여덟으로 모든 집안일을 차고 한다. 큰형님은 일을 잘못하고 어설퍼 부모님이 못 미더워하신다. 아버님 사업(제비표 페인트)을 이어받은 아주버님과 결혼하면서부터 부모님과 시누이, 시동생과 한집에서 살았다. 천성이 착하고 긍정적이며 수더분해 큰 살림을 다 맡아 한다. 부모님이 중앙동 한복판에 큰 건물을 지은 후에야 따로 살게 되었다. 20년 가까이 모셨으니 속병이 날 만도 한데 항상 농담으로 웃어넘긴다. 아무리 그런다고 속까지 없기야 하겠는가마는 혼자 생활하는 까탈스런 시아버지 시중들며 아직까지 시집살이에서 자유롭지 못하다. 그런 동서에게 나는 "형님은 참 속도 좋아. 천사여"라는 말을 두고 쓴다.

형님 같은 사람이 어디 있냐며 복 받을 거라는 덕담도 무색하게 아주버님이 친구 보증을 서는 바람에 재산을 다 날렸다. 엎친 데 덮친다고 위암으로 2년 전 수술까지 받아 형님 속을 무던히도 태웠다. 아버님 덕분에 집민 겨우 건졌지만 지금까지도 힘들어한다. 이제는 편하게 살 나이고 그동안 부모님께 잘했으니 조금 소홀해도 누가 뭐라고 할 사람 없는데, 마음 불편하다며 놓질 못한다.

퇴직한 남편이 수시로 아버님 집을 드나들며 살피고, 형수에게 지나치다 싶으면 아버님께 쓴소리도 하지만 소용이 없다. 그나마 우리 부부와 시누이들이 고생을 알아주니 그걸로 위안 삼는다고 한다. 일흔 가까운 나이에도 시키는 대로 '예! 예!'하며 바쁘게 종종거리는 형님이 답답하지만 고맙고 또 짠하다.

우리 애들 입학식이며 소풍, 그 외 학교 행사도 항상 큰엄마가 따라다녔다. 셋째 아들이 유치원 다닐 때 아침마다 출근 전쟁을 치렀다. 장사하랴 부모님 챙기랴 바쁜 형님에게 아침 시간만 도와주라고 말했다. 아이 셋 키우며 직장 다니느라 고생한다고 김치와 그 외 반찬을 해 주곤 했는데 달리 도움 청할 곳이 없어 또 손을 내밀었다. 형님은 바쁜 시간을 쪼개어 아침 일찍 집에 들러 막내아들을 챙겼고 덕분에 전쟁 같은 아침 시간 숨 쉴 수 있었다. 해마다 명절이면 조카인 막내아들이 좋아하는 음식 몇 가지는 꼭 빠뜨리지 않고 준비한다.

어린 마음에도 달리 보였던지 고마운 사람으로 가장 먼저 큰엄마를 꼽았다. 작년 공무원 시험 합격해 첫 월급을 받고는 그동안 도움 준 사람에게 줄 용돈 봉투를 만들더니 큰엄마에게는 이십만 원과 어려울 때 도와줘서 고맙다는 편지까지 넣는다. 안 받으려고 하는 걸 조카 성의 무시한다고 한마디 했더니 눈물을 글썽인다. 받을 자격 충분하니 너무 그러지 말라며 억지로 떠맡겼다.

산에 갈 시간을 맞추려고 조퇴했다. 음식과 그릇을 넣은 가방이 자동차 트렁크에 꽉 찬다. 같이 하지 못해 미안해하는 나를 보고 "이번에는 음식을 조금씩만 해서 이런 제사는 열 번도 지낼 수 있겠네." 하며 웃는다. 상을 차리고 아버님이 적어 준 순서에 맞춰 나는 기도, 남편과 형님 부부는 절로 시어머니께 인사했다. 축문까지 읽으며 단촐한 제사를 마쳤다.

묘 옆에 앙증맞은 보라색 제비꽃 한 송이가 보인다. 묘순 공주님(어머님 이름)이 자식들 온다고 반가웠나? 아직은 봄바람이 차다.

연례행사

4월, 아직은 날이 차다. 따뜻한 햇볕 아래 천변 군데군데 쑥 캐는 사람이 보인다. 봄이 오긴 왔나 보다. 일 년 전 이맘때도 지인들과 쑥을 캤다. 그걸로 떡을 해 나눴는데 맛있었는지 또 가자고 연락이 왔다. 올해도 쑥떡 기다리는 사람이 많다며 날을 정하잔다. 남편 친구 부부 모임으로 만난 지 30년이 넘었다. 처음에는 부부가 같이 모이다 이제는 여자들만 만난다. 해외여행도 같이 다니며 좋은 언니 동생 사이가 됐다. 일요일 오전 열 시 예술회관 주차장서 만나기로 했다.

봄기운이 구석구석까지 파고드는 청명한 날이다. 다들 모자 하나씩 눌러 쓰고 봄옷으로 단장했다. 마치 소풍 가는 학생처럼 들떴다. 간식과 점심거리 사러 마트에 갔다. 작년에는 삼겹살을 구워 먹었는데 점심시간이 길면 쑥 캐는 시간이 줄어든다며 김밥과 과일, 떡, 컵라면을 샀다. 농장으로 출발했다.

쑥은 흔하디 흔한 풀이다. 도룻가 흙 있는 곳이면 어디든 잘 자란다. 마음만 먹으면 길에서도 한 끼 국 끓일 양은 캔다. 그렇다고 매연을 잔뜩 뒤집어쓴 것을 캐 먹을 수는 없는 노릇이다. 텃밭 농사하는 곳 주변 빈 땅에 쑥이 지천이다. 봄이면 온통 쑥대밭이 된다. 이파리 뒷면에 하얗고 뽀얀 솜털이 보스스 돋아 아기 손처럼 부드럽다. 향도 좋고 연해 떡 색깔도 예쁘다.

도착하자마자 간식으로 산 떡과 과일을 펼친다. 먹는 것이 남는 거라며 배부터 채웠다. 커피까지 마신 후 일할 때 입는 옷으로 갈아입고 칼과 바구니를 챙겨 밖으로 나가 자리를 잡았다. 작년에 베지 않고 그대로 둔 풀이 말라 넘어져 밭 전체를 덮었다. 마른풀을 살며시 들추니 옹기종기 모인 연한 쑥이 무더기다. 풀 아래가 따뜻했는지 제법 크고 실하다. 편하게 흙바닥에 앉았다. 손이 바빠진다. 한참을 떠들더니 조용하다. 맑은 하늘과 햇살이 눈부시다. 새소리만이 적막을 깬다. 어느새 큰 바구니 가득 찼다. 한 사람은 다듬고 남은 셋은 다시 밭으로 몇 번을 왔다 갔다 했다. 모은 쑥이 산더미다.

오후 한 시가 지나서야 점심 먹고 잠깐 쉬었다. 바닥에 쌓인 쑥을 다듬었다. 잡티와 떼어야 할 잎이 많다. 생각보다 시간이 걸릴 것 같아 둘씩 나눠서 하기로 했다. 다시 밭으로 갔다. 허리도 아프고 힘들었지만 큰 것이 눈에 띠어 멈출 수가 없다. 친구들과 금곡동 뒷산에 쑥 캐러 갔던 초등학생 시절이 생각났다. 봄을 캐러 다녔던 어릴 때로 돌아간 것 같다.

바구니 한가득 채워 들어갔더니 다듬어야 할 쑥이 줄어들 기미가 보이지 않는다. 산이라 빨리 어두워져 서둘러야 했다. 다 같이 둘러앉았다. 쑥이 많이 들어가야 맛있다며 부지런히 손을 놀린다. 끝내고 나오니 여덟 시가 넘는다. 주변은 어느새 칠흑처럼 어둡다. 저녁까지 먹기로 했는데 시간이 늦어 생략하고 떡집도 다음날 가기로 하고 헤어졌다. 집에 도착하니 아홉 시가 넘었다. 허리가 뻐근하다.

다음날 떡이 다 됐다고 연락이 왔다. 방앗간에 맡긴 언니가 퇴근 시간에 맞춰 아파트로 배달까지 해준다. 한 상자하고 봉지가 또 하나다. 집으로 가져와 열어보니 고물이 흠뻑 묻은 쑥떡이 먹음직스럽다. 가지런히 놓인 말랑말랑한 떡 하나를 입에 넣으니 쑥 향이 확 올라온다. 전날 하루 종일 쪼그리고 앉아 수고한 대가다. 직접 캐 만든 것이라 더 맛있다. 우리 집 애들과 남편은 떡을 즐겨 먹지 않는다. 봉지 여러 개에 나눠 담았다. 가까이 지내는 윗집과 아랫집에도 한 봉지씩 줄 참이다. 작년에 준 떡이 맛있었다며 만날 때마다 이야기한다.

어릴 때는 쑥떡보다 인절미를 많이 먹었다. 아버지가 좋아해 우리 집은 설이 되면 떡을 한 말씩 했다. 일 년 중 가장 큰 행사다. 아버지가 떡판을 깨끗하게 씻어 준비하면 엄마는 아궁이에 불을 지펴 옹기 찜기에 찹쌀로 고두밥을 쪘다. 솥과 찜기 사이로 김이 새어 나오지 않게 밀가루 반죽을 길게 늘여 붙였는데 먹을 것이 귀한 시절이라 그것도 익으면 서로 먹으려 했다. 엄마는 김이 모락모락 나는 고두밥을 두 손 가득 담아 주먹밥을 만들어줬다. 하나 얻어먹으려고 빨리 익기를 손꼽아 기다리기도 했다. 찐 고두밥을 절구통에 넣고 아버지가 떡메로 치면 엄마는 손에 물을 묻혀 가운데로 모은다. 다시 치고 모으고를 반복하면 완전히 으깨져 찰진 덩어리가 된다. 콩가루를 뿌려 놓은 떡판에 그것을 올리고 손으로 눌러가며 골고루 묻힌다. 엄마가 썰어주면 아버지와 우리가 모양을 잡았다. 엄마는 매시랍게 잘 만든다고 칭찬해 주셨다. 겉이 약간 꼬들꼬들해지면 대나무 석작에 가득 담아 마루 선반에 올려놓는다. 밤이 긴 겨울 내내 우리 식구 간식이다.

어린 시절 살던 집은 부엌이 따로 있었다. 밤이면 아버지는 나와 여동생에게 떡을 구우라고 하셨다. 날씨가 추워 나가기 싫었지만 먹고 싶은 마음이 더 커 할 수 없이 했나. 석쇠 위에 떡을 여러 개 올리고 익기를 기다린다. 연탄불에 노릇노릇 구워진 떡을 접시에 담아 방으로 가져가면 순식간에 없어졌다. 겉은 바삭바삭, 속은 몰랑몰랑한 떡을 한입 베물면 덜 으깨진 쌀이 씹힌다. 어른이 돼서도 가끔 그 시절 먹었던 인절미가 생각난다.

내 나이 또래는 같은 마음일 것이다. 요즘 쌀이 약간 씹히는 떡을 만들어 파는 곳이 있다는 데 한 번도 사지는 못했다. 그때는 왜 그리 추웠는지 냉장고가 없어도 떡에 곰팡이가 슬지 않았다.

어른이 돼서야 쑥떡의 참맛을 알았다. 몸에 좋다고 해 더 즐겨 먹는다. 카톡이 울린다. 고맙다는 문자다. 떡을 나눴더니 다들 맛있다고 칭찬했다며 내년에 또 가잔다. 올해로 3년째인데 이제는 연례행사가 될 모양이다. 직접 캔 깨끗한 쑥이라고 강조했단다. 농장 지천에 널렸고, 하찮은 것을 그렇게까지 생각해 주니 내가 더 고맙다. 덕분에 잊고 있던 어린 시절 소중한 추억과 그리운 부모님 향기도 꺼내 보았다. 내년 봄을 기다린다.

가는 날이 장날

8월 8일이 되어서야 서울 갈 짬을 냈다. 올해 첫 나들이다. 작년 11월 결혼한 큰아들 신혼집을 한 번도 가지 않아 아들 내외 사는 집과 삼성 이건희 회장이 살아생전 수집해 기증한 문화재 전시회 '이건희 컬렉션'〈어느 수집가의 초대-고 이건희 회장 기증 1주년 기념전〉도 보고 싶었다. 8월 28일까지가 기간이라 딸 방학에 맞춰 날을 잡았다.

중부지방에 비가 온다는 일기예보가 있었지만 대수롭게 생각하지 않았다. 애들 줄 반찬과 간단한 소지품만 챙겼는데 가방이 두 개다. 열두 시 22분 출발로 남편이 역까지 데려다 준다기에 느긋하게 열한 시 40분쯤 나섰다. 그런데 하필 엘리베이터가 점검 중이다. 무거운 가방을 들고 13층에서 걸어 내려갔다. 역에 도착해 내리려는데 손이 허전하다. 식탁 위에 스마트폰을 두고 왔나 보다. 시계를 보니 열한 시 50분이다. 집에 갔다 오면 기차를 놓칠 것 같았다. 그런데 어쩌나, 모바일 승차권이랑 카드가 없는데.

차를 돌려 집으로 갔다. 13층까지 걸어 올라가야 하는데 마음이 조급해진다. 얼마나 속력을 냈는지 역에 다시 도착하니 열 두시다. 한숨 돌렸다.

매번 서울 가는 사람은 왜 그리 많은지 기차에는 빈자리가 없다. 위쪽으로 갈수록 날이 흐려지더니 천안부터 비가 내린다. 오후 3시 용산역에 내리니 딸이 마중 나왔다. 밖으로 나오자 비는 오지 않고 잔뜩 흐렸다. 먼저 딸 집에 들러 짐을 풀었다. 큰아들과는 퇴근 시간에 맞춰 신혼집 부근 신당동 지하철역 입구에서 만나기로 했다. 다섯 시, 지하철 타러 가는데 비가 내린다.

얼마만큼 갔을까, 지하철 창에 굵은 빗줄기가 내리친다. 순식간에 주변이 컴컴해지면서 소리까지 요란하다. 딸이 아들과 통화하더니 미리 나와 입구에서 기다린다고 했다. 지하철 계단을 오르려니 우산을 쓰고 웃는 아들이 보인다. 손을 흔들었다. 점점 세진 빗줄기에 입구에 선 사람 모두 물에 젖은 생쥐 꼴이다. 비는 어느새 폭우로 변했다.

길을 걷는데 세찬 비가 바람과 함께 사방에서 친다. 빗줄기가 물결 춤을 추며 달려든다. 우산이 아무짝에 쓸모가 없었다. 5분이 겨우 지났을까, 때리는 비에 온몸이 쫄딱 젖었다. 순식간에 도로가 강으로 변했다. 퍼붓는 비를 피해 어딘지도 모르고 따라갔다. 몸에서 물이 줄줄 흐른다. 주변을 둘러볼 겨를도 없이 높은 건물로 들어섰다. 엘리베이터가 4층에 멈췄다. 아들이 이끄는 대로 들어갔다. 방 두 개, 조그만 거실 겸 부엌, 화장실에는 샤워부스까지 집은 좁지만 아담했다. 엄마 온다고 청소까지 깨끗하게 해 놨다.

수영복 바지와 셔츠로 갈아입었다. 반바지와 윗도리는 탈수해 선풍기에 말렸다. 비 때문에 저녁밥은 시켜 먹자고 하니 그럴 수 없다며 나가자고 한다. 몸도 찝찝할 뿐 아니라 옷이 마르지 않아 난감했다. 가까운 곳에 유명한 고깃집이 있다고 해 수영복 바지를 입은 채 나갔다. 비가 계속 오면 바로 지하철역으로 가려고 덜 마른 옷을 챙겼다. 퇴근이 늦은 며느리는 식당으로 오라고 했다.

식당 앞은 사람들로 붐빈다. 줄 서 먹는 곳이라더니 젊은 사람으로 꽉 찼다. 방송에서는 코로나19 확진자가 점점 는다고 난리인데 그런 말이 무색했다. 구석진 곳에 자리 잡았다. 조금 있으니 며느리가 들어온다. 남편 생일 때 보고 3개월 만이다. 반가웠다. 두꺼운 삼겹살이 나온다. 전라도와 달리 야채는 없고 대신 소스에 찍어 먹는다고 했다. 술도 한 잔씩 하며 그동안 있었던 이야기를 했다. 손님이 계속 들어와 커피숍으로 자리를 옮겼다. 지나던 사람이 빗줄기가 약해지기를 기다리며 찻집 앞에 삼삼오오 서 있다. 그런 이들을 비웃기라도 하듯 비는 더 세게 내리친다.

아홉 시가 넘어 집에 가려고 나왔다. 물 폭탄이 쏟아진다. 115년 만에 처음이라고 했다. 그냥 들어가라는 데도 아들 내외는 지하철역까지 따라온다. 비 피하려고 뛰다가 미끄러워 넘어졌다. 일어서 다시 뛰어 지하철 역사로 들어갔다. 놀란 사람들이 바쁘게 움직인다. 무사히 집에 도착했다. 다음날 안 사실이지만 우리가 기분 좋게 밥 먹는 시간, 서울 부자 동네 강남과 서초가 물에 잠기고 맨홀에서 솟아 나온 물에 남매가 휩쓸려 실종되었다고 했다. 갑자기 밀려온 폭우에 문도 열지 못한 채 구조를 기다리던 사람이 죽었고, 반지하 집이 물에 잠겨 모든 것을 잃었다고 했다. 모두 우리 사회 약자다. 폭우가 휩쓸고 지나간 자리는 처참했다. 인터넷으로 피해 영상을 보니 마음 아팠다. 없는 사람에게는 비조차도 가혹하다. 재난이 평등하지 않다는데 맞는 말이다. 강남이 물에 잠겼다지만 정작 고생하는 사람은 경비원, 관리 사무소 직원, 청소 노동자들이다. 같은 서울인데 분리된 세상이었다.

밤새 비가 왔다. 실시간 기사를 보니 사방에서 물난리가 났다고 했다. 거실 창을 때리는 빗소리에 놀라 문을 꼭 닫고 딸과 이야기하며 시간을 보냈다. 다행히 다음 날 수요일은 언제 그랬냐 싶게 날이 맑아 벼르던 '이건희 컬렉션'을 보러 국립 중앙 박물관을 다녀왔다. 침수 지역 사람에게 미안했지만 어쩔 수 없었다. 요란했지만 서울 간 목적은 달성했다.

가는 날이 장날이다. 일부러 비 오는 날에 맞춰 날짜를 정한 것 같다. 순천에 도착하니 이슬비가 내린다. 이곳은 아직 가뭄으로 상사댐은 바닥이 드러나 풀까지 자란다. 전문가들은 지구 온난화로 앞으로 이런 재난이 더 자주 일어날 거라 경고한다. 반지하에 사람이 사는 한 피해는 계속될 것이다. 물이 불보다 무섭다는 것을 실감했다. 폭우가 진짜 폭탄이 돼 가난한 사람의 안전과 생명을 위협받는 일이 없었으면 좋겠다. 뭐든지 넘쳐도 모자라도 안 된다. 희생자의 명복을 빈다.

남은 자의 변명

교회 안 간 지가 벌써 몇 년째인지 모르겠다. 일요일만 되면 마음이 무겁지만 그런 생각 안 하려고 한다. 엄마가 살아 계실 때는 주말 오전 아홉 시면 교회에서 만났다. 항상 일찍 와 옆자리를 비워 두고 나를 기다린다. 시간 맞춰 들어가 옆에 앉으며 "엄마 나 왔어" 조용히 귓속말하면 살며시 꼬집고는 웃는다. 고운 옷을 입고 다니는 엄마를 교인들은 "최 권사님은 멋쟁이"라고 불렀다. 교회 갈 때 입을 옷은 전날 미리 색을 맞춰 옷장 손잡이에 걸어 놓곤 했다. 날마다 새벽에, 수요일 밤, 일요일 낮과 밤 예배 보는 게 생활이고 낙이었다.

어릴 적 우리 집은 일 년에 제사가 열두 번도 넘었다. 제삿날이 되면 엄마가 생선이랑 나물, 그 외 반찬을 준비하고, 아버지는 집 안을 깨끗이 치우고 화선지에 직접 붓으로 지방을 썼다. 가까운 냇가에서 모래 떠 오는 일은 내가 했다. 제사가 시작되면 열두 시가 넘을 때까지 무거운 눈꺼풀이 내려오는 걸 참고 기다렸다. 우리야 맛있는 음식 먹을 생각에 좋았지만 밤낮으로 바느질하랴, 6남매나 된 자식 밥하랴, 제사 음식 준비하랴 많이 고단했을 것이다. 유교 사상이 뿌리 깊은 할머니와 아버지는 교회 다니는 것을 못마땅해했다. 그래도 우리는 어릴 때부터 엄마를 따라다니며 신앙생활을 했다. 엄마의 투쟁과 노력 덕분에 합동으로 제사를 지내더니 급기야 추도식으로 지내게 되었다. 목사님을 싫어하고 안 좋은 소리를 해 대던 아버지도 결국 교인이 됐는데 열심히 다니지는 않았다.

추석날 외할머니 성묘 갔다 오다 넘어져 목뼈가 부러지는 사고로 전신 마비가 된 아버지를 간호하는 어려운 조건에도 엄마의 유일한 버팀목은 신앙이었다. 권사님으로 70세까지 식사 당번과 봉사 활동에 누구보다 앞장섰다. 목사님이 여러 번 바뀌어도 변함없는 믿음으로 교회의 역사와 함께했다. 심지어 자식들도 모르게 100만 원도 아니고 1,000만 원이 넘는 돈을 들여 1, 2, 3부 성가대 옷을 해 기증하기도 했다. 아까웠지만 죽기 전에 뭔가를 남기고 싶다고, 꼭 원하는 일이라고 해 반대할 수 없었다. 어쨌든 나이 들어 즐겁게 봉사하는 엄마가 자랑스러웠다. 육종암으로 세브란스 병원에서 수술하고 집으로 내려온 엄마는 목사님 기도를 간절히 원했고 친한 권사님들을 많이 기다렸다. 독한 약 때문인지 총기도 점점 없어지고 거동도 불편해지면서 집에만 있게 됐는데도 교회만큼은 꼭 가고 싶어 했다.

본인 의지와는 상관없이 몸이 저절로 움직이는 무도증(舞蹈症) 때문에 한 시간이나 예배보는 것은 무리라 교회 가자고 할 때마다 다른 핑계를 댔다. 모임에서 항상 대장 놀이만 하던 엄마가 예전과 다른 사람들 시선을 감당할 수 있을지도 걱정됐다. 그런데 성화에 못 이긴 간병인이 모시고 갔나 보다. 택시 타자고 해도 한사코 교회 버스를 고집해 할 수 없었다고 했다. 차에 탄 사람은 전부 최 권사를 안다. 엄마는 무엇을 기대했을까. 암으로 오랫동안 병원 생활했다는 것은 예배 시간 목사님이 광고해 알고 있을 텐데 아무도 반겨 주지 않았나 보다. 고생했다며, 많이 좋아졌냐고 한마디 위로면 되는데 너무 달라진 모습이 어색해서였을까. 아무것도 모르는 간병인이 보기에도 원숭이 쳐다보듯 해 무색했다고 했다. 그 분위기를 알았는지 더 이상 교회 가자는 말은 하지 않았다. 언젠가 토요일 엄마에게 갔더니 친하게 지내던 권사님에게 전화를 했다. 한참 지나도 반응이 없자 나를 부르더니 받지 않는다며 다시 해 보라고 한다. 전화번호 찍었으니 기다리자고 했다. 밤늦게까지 연락이 없었다. 상심하는 엄마에게 바쁜 일이 있는가 보다고 앞으로는 전화하지 말라고 했다. 속상했고 엄마가 안쓰러웠다. 그분이 원망스러웠다.

큰 교회는 총괄하는 담임 목사님이 있고, 부목사님은 자기가 맡은 구역 교인을 관리한다. 하나님을 사모하는 사람에게 목사님 기도는 한 줄기 빛이다. 부목사님이 한 번 다녀갔고, 언니의 부탁으로 또 한 번 기도하러 왔다고 했다. 병이 진행되기도 했지만 그동안 믿고 의지했던 것에 상실감이 컸는지 교회 이야기는 꺼내지도 않았고 어쩌다 목사님이 집에 온다고 해도 끝끝내 거부했다. 운동도, 묻는 말에도 대꾸하지 않았다. 그래도 날마다 기도는 했다.

엄마가 돌아가시자 교인들이 장례식장에 왔다. 그때서야 몰랐다고, 가 본다고 생각하면서도 바빴다는 핑계를 댔다. 남 일 신경 쓰며 사는 사람이 얼마나 되겠는가마는 외로울 때 전화 한 통이라도 줬으면 마음 추스르는 데 도움이 됐을 텐데 듣고 싶지 않았다. 알고 지내는 목사님과 친한 권사님에게 그동안 서운했던 이야기를 했다. 기도를 간절히 원했는데 그게 그토록 어려운 일이냐고 물었다. 교회가, 귀족이 돼 버린 목사님이 해야 하는 일이 무엇인지 생각하고 또 생각했다. 큰 교회를 이끌려면 어쩔 수 없다 해도 인간은 이기적이기에 내 위주로 생각할 수밖에 없다. 언니는 언니대로 부목사님에게 엄마 마음을 전했다. 장례가 끝나고 이번 일로 교회 장로회에서 공론화가 된 모양이다. 어찌 됐든 뭔가가 달라졌다고 전해 들었는데 이제는 관심 없다. 신앙생활이 누구 때문이면 안 되는데 난 맘 좁은 사이비 교인이다.

엄마가 병원에 있을 때 주말마다 서울에 왔다 갔다 하느라 교회에 자주 나가지 못했다. 한번 규칙이 깨지니 그게 생활이 됐다. 그러다가 엄마 일로 핑계가 생겼다. 그렇다고 하나님을 믿지 않는 건 아니다. 마음속으로 항상 기도는 한다. 단지 교회만 가지 않을 뿐이다. 언니는 믿는 사람이 그러면 안 된다고 가까운 곳이라도 가라고 한다. 그 말이 자꾸 마음에 걸리지만 아직도 핑계에 머물러 있다. 언젠가는 마음 움직이는 날이 올 거라 믿는다.

부자되는 법

친정에 가려면 어릴 때 살던 동네를 거쳐야 한다. 이제는 '문화의 거리'가 되어 관광객으로 북적이고 허름하던 집들이 새 단장을 했지만 길 폭이나 골목길, 아파트로 이사하기 전 2층으로 새로 지었던 우리 집은 그대로였다. 그곳을 지날 때면 평상에 앉아 이야기꽃을 피우던 동네 아줌마들과 밥때도 잊고 온 동네를 누비며 뛰놀던 친구들 얼굴이 떠오르곤 한다. 30여 년을 산 정든 곳이었지만 그 사건이 난 후로는 애써 외면하고 다른 길로 돌아서 다녔다.

70년대 우리 동네에는 흑백 티브이가 두 대(만화방과 한전 소장 댁), 검정 다이얼 전화기는 딱 한 대(대폿집 또는 담뱃집)가 있었다. 동네 어른들은 다른 지역에서 연락 올 일이 있으면 그 집 전화번호를 알려 주고 전화가 오면 뛰어가 받았다. 저녁이면 '여로'라는 인기 드라마를 보려고 만화방으로 사람이 모였다. 아버지가 직장 다니는 몇몇 집을 제외하곤 다들 고만

고만하게 살았다. 대폿집은 과자뿐 아니라 담배도 팔았고, 아저씨들이 밥 먹고 막걸리도 마시는 만남의 장소였다. 항상 시끌벅적했고, 동네 어른들의 '사랑방'이었다.

같이 노는 친구는 많았지만 나와 나이가 같은 아이는 그 집 딸 영자(가명)뿐이다. 위로 오빠 셋, 아래로 남동생 하나, 4남 1녀 고명딸이다. 우리는 국민학교를 같이 다녔고 가게 뒷방에서 숙제도 하고, 냇가에서 수영도 하며 친하게 지냈다. 영자 엄마는 새벽마다 싱싱한 생선과 반찬거리를 사서 머리에 이고 다녔고, 아저씨는 가게 문을 열고 청소를 했다. 날마다 수돗가에 앉아 생선을 손질하고 반찬거리를 다듬는 아줌마가 어린 내 눈에도 억척스럽고 부지런해 보였다. 하사동(순천만 갈대밭 부근)에 논이 많아 쌀은 그곳에서 가져온다고 했다. 다른 것은 몰라도 그거 하나만큼은 부러웠다.

집에서 가까운 향교와 큰길은 우리 놀이터였다. 모래실은 말 구루마(수레)가 지나가면 서로 먼저 타려고 뛰어가 뒤꽁무니에 가슴만 걸친 채 탔다. 주인이 소리치면 도망가다 다시 쫓아가 타기를 반복했다. 여름이면 집에서 500미터 정도 떨어진 향교로 몰려갔다. 본관 대청에서는 흰 수염이 긴 노인들이 모여 한자를 읽었고, 문 앞에서 인사만 하면 안쪽 넓은 마루와 잔디 뜰은 우리 차지였다. 나무와 풀이 많아 가끔 뱀을 봐 놀라기도 했지만 그런 것은 아무것도 아니었다.

하루는 학교 끝나고 집에 가니 엄마가 영자 아버지가 쓰러져 뇌를 크게 다쳤다고 했다. 대폿집은 한동안 문을 닫았다. 동네 어른들이 날마다 쌀집 앞 평상에 모여 걱정스러운 얼굴로 수군댔다.

퇴원한 아저씨는 바보가 되었다. 아니나 다를까 말도 어눌하고 제대로 걷지도, 사람을 알아보지도 못했다. 날마다 가게 앞에서 나무 의자에 멍하니 앉아 오가는 사람 보는 것이 일과였다. 가끔 혼자서 중얼거리기도 했는데 아저씨 앞을 지나기가 겁났다. 그래도 아줌마는 씩씩하게 장사를 계속했고 대폿집은 다시 손님들로 북적였다. 그러든가 말든가 우리는 집 부근 냇가, 산, 향교 이곳저곳을 돌아다니며 놀았다.

영자와는 중학교 가면서 갈라졌다. 만나는 일이 드물었고 가끔 마주치면 웃으며 안부만 묻는 사이가 됐다. 어느 날 영자 큰오빠가 시골 여자와 결혼해 대폿집과 가까운 안집에서 산다고 했다. 가끔 학교 오가다 가게 일을 돕는 며느리를 봤는데 내 눈에는 촌스러웠다. 동네 어른들은 참하고 착하다며 한마디씩 거들었다.

고등학생이 되고는 야간 자습 때문에 더 만날 일이 없었고 어쩌다 일요일 아침 일찍 교회 가다 우연히 마주칠 뿐이었다. 한동안 별일 없이 조용하던 동네가 또 시끄러웠다. 영자 엄마가 장에 간 사이 며느리가 시아버지를 모시고 나가 가게와 땅을 몽땅 자기 앞으로 이전했고, 영자 엄마는 한참 후에야 알았다고 한다. 며느리 혼자 일을 꾸몄다고 하는데 영자 큰오빠가 알고 있었는지는 아무도 모른다. 학교에 가다 수돗가에서 일하는 아줌마를 보면 얼굴에 근심이 가득했다. 날마다 아들, 며느리와 싸우는 소리가 밖까지 들렸다. 동네 어른들이 뻔뻔스럽다고 욕을 해도 영자 새언니는 상관하지 않고 가게와 안집을 드나들었다.

영자 작은오빠 둘이 집을 나갔다는 말을 들었다. 그러던 어느 날 동네가 발칵 뒤집혔다. 아침 일찍 밖에 나간 아버지가 급하게 집으로 들어와서는 영자 엄마가 목에 식칼을 꽂고 죽었다는 것이다. 놀라서 엄마랑 밖으로 나갔다. 대폿집 앞에 사람들이 모여 있었다. 전날 자정까지 술 마신 손님이 있었는데 아줌마가 문 닫고 잔다며 가라고 했다는 것이다. 어른들은 그 후에 일이 벌어졌을 것이라고 했다. 별별 괴괴망측한 소문이 나돌았지만 결국 자살로 결론이 났다.

장례를 치르고 며칠 후에 큰아들과 며느리는 아줌마 원혼을 달랜다며 무당을 불러다 굿을 했다. 동네 사람이 다 나와 구경하는데도 부부는 얼굴색 하나 변하지 않고 가게로 들어갔다. 하루 종일 징 치는 소리로 동네가 시끄러웠다. 그 후로 대폿집 문은 굳게 닫히고 가족들은 소리소문없이 사라졌다. 언젠가 집에 가니 영자가 결혼했다고 했다.

그 일이 있고는 애써 그 집을 피해 먼 길로 돌아다녔다. 교회 갈 때 엄마가 그 앞으로 가려 하면 팔을 잡아끌며 다른 길로 가자고 했다. 아줌마 얼굴과 끔찍한 장면이 상상돼 매번 소름이 돋았다.

지난달 친정 가다 차가 밀려 어쩔 수 없이 그 앞을 지나게 되었다. 집은 흔적도 없고 빈 땅에 돌과 잡초만 무성했다. 동네 토박이 어른들은 다 돌아가셨고 그 일을 아는 사람도 거의 없다. 옛날만큼 무섭진 않았지만 보는 것만으로도 기분 나빴다. 모르긴 몰라도 순천만 습지가 개발되면서 그 부부는 부자가 됐을 것이다. 하지만 지금까지 어디서도 영자네 식구 소식은 듣지 못했다.

역사의 한순간

백과사전에 의하면 '청년이란 신체적으로나 정신적으로 한창 힘이 넘친 때에 있는 사람을 뜻하며 20대 정도의 나이대에 속하는 여성과 남성을 아우른다'고 한다. 그러면 지금의 나는 청년을 넘어도 한참을 넘었다. 어떤 이는 몸이 늙으면 마음까지도 늙어간다고 하지만 내 마음과 감정은 변함없이 스무 살 청년 때와 같다.

청년이 시작되는 1980년 5월 나는 역사의 한가운데 있었다. 지금은 '광주민주화 운동'이라고 부르지만 그때는 '광주사태'라고 했다. 고등학교 졸업 때까지 한 번도 집을 떠난 적이 없어 홀로서기 한다는 것이 두려웠지만 꿈에 부풀기도 했다. 그러나 대학 생활은 초반부터 난관에 부딪쳤고 생각과 다른 방향으로 흘러갔다. 몇 번의 미팅과 데모로 어수선하더니 두 달여 만에 휴교로 이어졌다.

두 살 터울인 오빠와 산수동 부근에서 자취를 했다. 정확히 무슨 일 때문인지 모르지만 도청 분수대 앞에서는 뉴스에서나 봤던 대학생들의 데모가 산발적으로 자주 벌어지고 있었다. 오빠도 같은 과 친구들과 충장로에 갔다 밤늦게 들어오곤 했다.

한창 수업에 열중하던 어느 날, 밖에서 들리는 시끄러운 소리와 다들 모이라는 반 대표의 외침에 10개 반 학생이 강의실 밖으로 나갔다. 수업하던 교수님도 참여하려면 확실하게 하라고 말씀하셨다. 수업 도중 불려 나와 얼떨결에 데모 대열에 끼게 되었다. 선창하는 학생 대표의 구호 외침에 따라 걷고 뛰면서 광주역, 금남로를 거쳐 도청 분수대 앞까지 갔다. 분수대 주위로 수많은 학생이 피켓을 들고 모였다. 다들 한마음으로 '전두환은 물러나라', '독재정권 물러나라' 는 구호를 외쳤다. 나는 정치에 전혀 관심이 없었고 심지어 그때까지 '전두환이 누군지도 몰랐다. 그러나 피켓을 들고 큰소리로 외치는 것을 들으면서 온몸에 전율이 일었고, 가만히 있으면 안될 것 같은 분위기에 압도되어 어느새 팔을 흔들며 따라 외쳤다. 생전 처음 느껴보는 군중 심리의 경험이었다.

분수대 위에는 노란 점퍼를 입은 전남대 총학생회장 박관현 씨가 마이크를 들고 학생들을 통솔하고 있었다. 그때 보았던 강렬했던 그의 얼굴이 40년이 지난 지금도 선명하게 기억난다. 나중에 알게 되었지만 그는 2년

여의 도피 생활 중 82년에 체포되었고, 50일이 넘는 단식을 하면서 그해 10월 만 29세의 젊은 나이로 옥사했다고 한다. 해마다 5.18이 되면 아는 사람은 아니지만 시대를 같이 했던 그의 죽음이 못내 안타깝고 마음 아팠다. 지금 생각하면 우리 아들과 같은 나이에 군부의 무자비한 고문을 어떻게 견디고 단식 투쟁까지 했는지 대단한 사람이다. 부모님의 통곡 소리가 들린 듯하다.

16일 오후 데모 대열에 합류한 오빠와 친구 몇몇은 충장로에서 공수 부대에 쫓겨 광주일고 담을 넘어 얼굴도 모르는 사람들과 교실에 숨었다가 조용해지자 늦은 밤 자취 집으로 들어왔다. 담 넘을 때 하마터면 아슬아슬하게 발을 잡힐 뻔했다며 곤봉 든 군인들이 시내 곳곳에서 학생들을 잡고 때리더라고 했다. 생각한 것보다 위험하고 급박하게 돌아가고 있었다.

방송에서 5월 17일 아침 각 대학에 휴교령이 내렸다는 소식을 전했다. 나는 평소와 같이 학교에 갔다. 교문이 닫혔고 총을 든 군인 여러 명이 지키고 있었다. 겁도 없이 군인에게 학교 들어갈 수 있는지 물었다. 빨리 집으로 돌아가라고 했다. 모르는 게 약이라고 얼마나 위험하고 심각한지 짐작도 못하고 학교 가까이 사는 친구 집에 들렀다. 소식을 들었는지 오후 늦게 집에 내려간다고 했다. 자취 집으로 돌아왔다. 휴교가 언제 풀릴지도 모르고 할 일도 없을 것 같아 집에 가려고 짐을 챙겼다. 버스 창 너머로 총 든 군인을 태운 여러 대의 트럭이 시내로 달리고 있었다. 무슨 일일까 의아해하며 터미널로 갔다.

집에 도착하니 아버지는 사태의 심각성을 알았는지 왜 혼자만 왔냐고 나를 꾸짖었다. 그리고는 즉시 광주로 가셨다. 휴대전화가 없던 때라 찾기가 쉽지 않았을 텐데 늦은 시간 오빠를 데리고 집으로 오셨다. 자취 집으로, 학교 앞으로 땀을 뻘뻘 흘리며 돌아다닌 끝에 다행히 친구를 통해 연락이 닿은 것이다. 그때 아버지가 가시지 않았으면 날마다 충장로에 나가 데모 대열에 합류했던 오빠도 어떻게 되었을지 아찔하다. 우리는 5. 18이 일어나기 하루 전 무사히 광주를 빠져나왔다.

5월 17일 내린 비상 계엄령으로 수많은 재야인사, 학생, 교수 등이 체포되었고 죽었다. 오빠와 내가 광주를 빠져나오고 곧바로 터미널이 통제되었다. 그곳을 벗어나려고 차를 타려던 젊은이나 학생은 무조건 잡아갔다고 했다. 미처 나오지 못한 친구들은 걸어서 담양까지 왔고, 심지어 수염을 붙이고 변장해 버스를 타고 내려온 친구도 있었다. 자취 집에 남은 친구 중 일부는 시민군과 함께 총을 들고 싸웠다고 했다. 광주민주화운동은 그렇게 수많은 희생자를 냈지만 책임자는 처벌되지 않은 채 오늘까지도 많은 이들에게 아픔으로 남았다.

40년이 지난 2020년 대학 1학년들은 코로나19로 과 친구 얼굴도 모른 채 원격 수업으로 대학 생활을 시작했다. 80년, 그때는 휴교령이었지만 바이러스 공격도 재앙이다. 힘든 고등학교 시절을 보내고 활기차게 캠퍼스를 누비고 다녀야 할 시기에 집에서 온라인으로 수업하려니 억울하고, 언제 끝날지 모르는 현실이 답답할 것이다. 옛날보다 훨씬 더 많이 경쟁하고, 불투명한 미래를 향해 오늘을 사는 청년들이, 내 자식들이 안쓰럽다. 그래도 모든 게 풍족하고 마음만 먹으면 하고 싶은 일도 할 수 있는 시대를 살고 있다는 것으로 위안 삼아 현명하게 잘 견디고 헤쳐 나갈 거라 믿는다.

우리 선배들이 또 어머니, 아버지, 내가 힘든 청년 시기를 잘 견디고 버티면서 오늘까지 살아온 것처럼.

4부
당연한 것은 없다

구체적으로 쓰자
과제
국제 갈비
당연한 것은 없다
산이 주는 행복
세상과 만나다
시작이 이게 뭐야
인생 여행
결혼식 덕담
수확
나무도 생명이다
반려견 전성시대
전시회 관람
오래된 우정
역지사지(易地思之)

구체적으로 쓰자

글쓰기가 다시 시작되었다. 잘 쓰지도 못하면서 머리를 쥐어짜는 일이 힘들어 그만둘까도 생각했는데 또 매달려 있다. 지금까지 버텼으니 갈 때까지 가 보려고 한다. 아직은 내 능력이 미치지 못하지만 어떤 글이 좋은 글인지 알게 되었으니 눈에 보이듯 구체적으로 계속 쓰는 수 밖에 방법이 없다.

그동안 글쓰기에 관한 책을 여러 권 사서 읽었다. 모두 일단 직접 써보고 말하듯이 구체적으로 쓰라고 조언한다. 잘하는 사람이야 이 말을 쉽게 이해하지만 처음 시작하는 이에게는 어떤 게 구체적인지 어렵기만 하다.

강원국 백승원의 《글쓰기 바이블》을 읽으며 비로소 그 말에 고개를 끄덕였다. 글쓴이는 책에서 스티브 잡스가 스탠포드 대학 졸업식 축사에서 한 이야기 두 가지를 예로 든다. 학교를 그만두고 6개월 만에 자퇴해 친구 집에 얹혀사는 생활을 "5센트짜리 코카콜라 병을 팔아서 끼니를 때웠다. 매주 일요일 저녁 좀 더 나은 음식을 먹기 위해 하레 크리슈나 사원까지 11킬로미터를 걸어갔다 왔다."로 묘사했다. 빈 병을 팔았다고 얘기하지 않고, 5센트짜리 코카콜라 병이라고 하고, '멀리'가 아니라 '11킬로미터'를 걸어갔다 왔다고 표현한다. 구체성을 만드는 요소 중 육하원칙, 고유명사, 숫자 그리고 사물의 특징을 넣어주면 구체성이 확 살아나고 차원이 다른 글이 된다고 한다.

선생님이 주신 수업 자료 소풍 갔다 와서 쓴 수필에서도 "오늘 소풍 참 재미있었다. 다음에도 꼭 가야겠다."고만 하면 같이 가지 못한 독자는 감동하지 못한다고 했다. 소풍이 재미있었다는 말 대신에 소풍 가서 즐겁게 놀았던 장면을 구체적으로 보여 주면 독자가 스스로 느끼게 되고 감동한다는 것이다. 좋은 글은 내 주관적인 의지를 드러내는 것이 아니라 내 생각이나 감정을 누르고 다루는 대상을 존중하며 곰곰하게 관찰하는 데서 나온다고 한다.

또 하나, 전문가들은 '제발', '슬프다', '좋았다', '싫었다' 등의 직접적인 표현은 삼가라고 말한다. 자신의 감정 상태를 직접 전달하려 하지 말고 독자와 공유하려면 단순 사실보다 구체적으로 설명해 주라고 한다. "나는 지금 슬프다."라는 표현보다는 "어젯밤 7년 동안 사귄 여자 친구가 이별을 통보

해 왔다."는 문장이 가슴에 와 닿는다는 것이다. 구체적인 정보를 공유하는 게 독자에게 생생하게 내 감정을 전달하는 기술이라고 한다.

작년 1년, 글쓰기 하면서 몇 번을 듣고 나서야 비로소 이 말을 이해하게 되었다. 그동안 내가 가르쳤던 많은 학생이 '재미있었다'로 끝나는 글을 썼는데 선생인 내가 좋은 글을 보는 눈이 없었으니 제대로 된 글쓰기 지도를 했을 리가 없다. 진즉 알았더라면 아이들을 그대로 올려 보내지는 않았을 텐데 아쉽다.

이제는 어떤 글이 좋은 글인지 조금씩 알아가고 있으니 아이들이 쓴 글을 읽을 때도 막막하지는 않겠다. 내가 아는 한도 내에서 잘못된 것은 고쳐 주고 잘된 점은 칭찬해 줄 수 있는 눈을 기르고 있으니 다행이다.

작년에 이어 올해도 5, 6학년 독서 단원을 가르친다. 줄글로 된 책을 싫어하는 아이들에게 한 권이라도 깊이 있게 제대로 읽게 하려고 1학기에 많은 시간을 투자했다. 읽고 나서 무엇을 느꼈는지 물어보면 "그냥 재미있었어요." 라고만 대답한다. "뭐가 재미있었니?" 다시 질문하면 대부분 더 이상 말하지 못하고 "그냥" 이라는 말만 되풀이한다.

2학기에는 글쓰기 시간을 늘리려고 한다. 아이들이 말하기 어려워하는 '재미있었다고 생각한 것을 짧게라도 구체적으로 글로 써보게 할 참이다. 선생인 나도 어려운데 아이들에게 제대로 지도도 하지 않았으면서 못한다고 했으니 부끄럽다. 물이 다 빠져나가도 콩나물은 자라듯이 아는 만큼 지도하면 아이들도 조금씩 좋아질 거라 믿는다.

과제

즐겨 보는 티브이 프로그램 중 매주 월요일 저녁 제이티비씨(JTBC) '싱어게인-무명 가수전'이라는 예능 프로가 있다. 대중 앞에 설 기회가 없는 무명 가수에게 무대를 만들어 주는 오디션으로 이름 대신 숫자로 부른다. 최종 10위 안에 들어야만 비로소 자신의 이름으로 무대에 오를 수 있다.

오랜 시간 무명으로 활동하면서 자신이 걷고 있는 길이 맞는지 확인하고 싶다는 사람부터 본인을 알리는 무대가 필요했다는 가수까지 많은 내적 갈등에도 음악을 놓지 않고 묵묵히 걸어온 바람은 시청자의 공감을 불러일으킨다. 한가지 목표만 바라보며 긴 세월 보상 없이 견뎌 온 절절한 사연에 울컥하기도 하고, 더 이상 내려갈 곳이 없는 그들의 간절한 노래에 음악에 문외한인 나도 위안을 받는다. 그래서 매주 빼먹지 않고 본다.

올해가 2회째로 1회 출연자 중 3위를 차지한 63호 가수 '이무진'이라는 친구가 있다. 엠비씨(MBC) 복면가왕에 출연해 3회 연속 가왕까지 했던 실력파 뮤지션이자 서울예술대학교 음악학부 실용음악과 싱어송라이터 전공 20학번 재학생이다. 노래 실력이 뛰어나 이미 대학생 사이에서는 유명인사였던 그가 '교수님 죄송합니다.'라는 과제곡을 만들어 제출했단다. 과제를 많이 내주는 교수님에게 울분을 표현하고자 만든 노래로 많은 대학생과 에스엔에스(SNS)에서 화제가 되었고, 공개 당일 추천하기가 6만 회를 넘겨 또 한 번 화제를 모았다고 한다. 어떤 노래인지 궁금해 유튜브를 찾아 들었는데 듣자마자 빵 터졌다.

침울한 얼굴을 한 이무진이 "교수님 죄송합니다."를 시작으로 잠을 줄여서 다섯 개 과제를 다 했는데 너무 많아 다음엔 적은 양을 내 주셨으면 좋겠다는 내용이었다. 실제 이 노래를 들은 교수님이 많이 웃으셨고 해당 학기에 에이플러스(A+) 학점을 받았다고 한다. 내가 교수라도 기발하고 재치 있는 학생의 창의력에 놀라 웃으면서 좋은 학점을 줄 수밖에 없었을 것이다.

이렇게 실력 있는 가수들이 운이 닿지 않아, 또는 자신을 알릴 기회를 얻지 못해 발버둥치며 버텼을 걸 생각하니 안타까웠고 그래서 더 응원해 주고 싶었다.

수많은 출연자가 자신이 목표한 고지에 오르려고 과제를 하나하나 해 나가는 노력을 보면서 매 순간 나를 돌아본다. 남들이 부러워하는 안정된 직장이 있고 마음만 먹으면 언제든 도전할 기회가 많다는 것이 고마웠다. 올해는 좀 더 도약하려고 과제이자 목표를 책 쓰기로 정했다. 잘 할 수 있을지 걱정되지만 벌써 4학기째 글쓰기를 하니 어떻게든 해 낼 것이라고 스스로를 믿는다.

처음 글쓰기를 시작할 때 한 학기만 하고 그만두려 했다. 명색이 교사인데 겨우 이 정도밖에 글을 못 쓰는지 자괴감이 들었고 남에게 내 글을 보이는 것이 창피했다. 하지만 이왕 시작했으니 조금만 더 해 교사로서 좋은 글을 보는 눈이라도 길러 학생들 글쓰기 지도를 하고 싶었다. 그런데 이제는 책을 내고 싶은 욕심까지 생겼다. 실력도 되지 않으면서 과하다는 생각도 들지만 일단 목표를 정했으니 가 보려고 한다.

그동안 써 모은 원고가 꽤 된다. 글쓰기 동무들이 같이하기로 했으니 큰 힘이 될 것이다. 아직도 글 한편 쓰려면 일주일 내내 고민하다 능력의 한계를 느끼기도 하지만, 계속 쓰다 보면 지금보다는 수월해질 날이 오리라 믿는다.

아이고 그런데 어쩌랴, 며칠째 생각만 하다 글 마무리하려고 아침부터 노트북을 들고 매달려 있는데 오늘따라 진도가 더 나가질 않는다. 쓰다 지우기를 반복하다 보니 밤 열한 시가 다 돼 간다. 겨우 한 장 조금 넘는 글도 제대로 채우지 못하면서 무슨 책. 오늘도 또 나와 싸운다.

국제 갈비

초등학교 시절 내 별명은 '국제 갈비'였다. 살이 하나도 없고 뼈만 남았다 해서 친구들이 붙여 주었다. 그때는 살찐 애들이 없어 그렇게 불러도 아무렇지도 않았다. 간식이라 해 봤자 동네 점방에서 파는 1원에 2개짜리 알사탕, 손가락 과자, 2원짜리 세모 모양 우유 과자가 전부였다. 또 우유 아이스케이크는 2원, 팥 아이스케이크는 5원인데 돈이 없어 병을 모아 바꿔 먹기도 했다. 아이스케이크 통을 메고 팔러 다닌 아이들이 또래였으니 참으로 궁핍했던 시절이었다.

셋째를 낳고는 그동안 불어났던 몸이 빠지지 않았다. 특히 뱃살 때문에 맞는 옷이 없었다. 둘째 아이까지는 그래도 완전히 회복되지는 않았지만 가벼운 몸으로 출근할 수 있었는데 늘어난 배를 보니 한숨이 나왔다. 처녀 시절 다들 날씬했겠지만 한 번도 통통한 몸을 가졌던 적이 없었다. 불어난 몸으로 출근할 수 없어 갓난아기를 옆에 두고 아이가 잘 때면 집에서 할 수 있는 운동을 시작했다. 두 달의 출산 휴가가 끝날 때까지는 아이 낳기 전 입었던 옷을 다시 입을 수 있어야겠다는 목표를 세우고 먹는 것도 줄였다.

다른 사람은 아이 낳고 먹는 미역국이 맛이 없다고 하는데 나는 그때가 제일 맛있다. 더구나 수유 때문에 많이 먹어야 했다. 살을 빼야 하니 간식은 입에 대지 않고 미역국에 세끼 밥만 먹었다. 지금도 국은 잘 먹지 않는데 미역국은 국물까지 먹는다. 도우미 아주머니는 아이에게 젖을 먹여야 하니 많이 먹어야 한다며 큰 대접으로 가득 주었고 그것을 다 먹고 나면 한 대접을 또 주셨다. 마음이야 그것까지 먹고 싶었지만 꾹 참고 한 대접의 양도 줄였다. 그런 노력으로 예전에 입던 옷을 입고 출근할 수 있었다. 그러나 지퍼를 잠근 허리는 답답해서 숨쉬기가 힘들었다. 서서히 몸이 빠져 6개월이 지나니 예전의 몸을 회복했다. 그러나 몸 여기저기 군살이 생겨 볼 때마다 신경이 쓰인다.

친정에 고혈압과 당뇨 병력이 있어 조심한다. 살 때문에 관절에 이상이 생겨 고생하는 사람을 많이 봤다. 운동이라 해 봤자 걷기지만 한 시간 이상 걷고, 먹는 것은 최대한 줄이고 있다. 옛날에 비하면 맛있는 먹거리가 얼마나 많은지 그 유혹을 이겨내기가 쉽지 않다. 학교, 집 어디를 가도 먹을 것 투성이다. 아이들이 뚱뚱해질 수밖에 없게 생겼다. 어른도 음식의 유혹에서 벗어나기가 쉽지 않은데 아이들은 더 말해 무엇하겠는가?

예순이 넘으니 나잇살인지는 모르겠지만 군살이 빠지지 않는다. 어떤 이유에서든 다이어트를 생각하지 않는 사람은 없을 것이다. 아마 온전한 정신으로 있을 때까지는 음식과 싸우면서 살아야 할 것 같다. 나 역시 지금도 다이어트 중이다. 아침은 삶은 달걀 한 개, 점심은 학교 급식, 저녁은 양을 최대한 줄여 먹는다. 나이가 들면 먹는 대로 살이 찐다. 그래서 간식은 거의 입에 대지 않고 과일도 남편 주려고 깎을 때 한쪽만 먹는다. 그래도 몸이 무거워 스트레칭을 많이 한다. 언제까지 이런 노력을 해야 할지 기약이 없다.

어렸을 때는 지금 불량식품이라고 여기는 간식을 먹으면서 자랐다. 그것도 없어서 못 먹었다. 그래서 국제 갈비가 많았다. 이제는 그런 아이들이 보이지 않는다. 먹을 것이 넘쳐나 통통하다 못해 뚱뚱한 아이들이 점점 많아졌다. 그냥 웃고만 넘길 일이 아니다. 소아 당뇨에 걸리면 의욕이 없어지고 평생을 관리하며 살아야 하니 부모님의 관심이 특히 중요하다. 없이 살았을 때야 많이 먹으면 복 있게 먹는다고 좋아했지만 지금은 무턱대고 좋아할 일이 아니다. 건강을 위해서라도 모두에게 다이어트가 필요하다.

당연한 것은 없다

기다리던 비다. 오랜만에 듣는 빗소리가 정겹다. 간당간당 버티며 겨우 생명을 이어 온 식물들이 즐겁다고 소리치는 듯하다. 며칠 전 심었던 밭작물도 깨춤을 출 것이다. 찌든 먼지조차도 씻겨 내리며 시원하다 아우성이다.

올해는 텃밭에 아무것도 심지 않고 묵혀 두려 했다. 힘이 부치기도 하고 조금씩 사 먹는 게 더 경제적이겠다 싶었다. 말이 그렇지 그런 생각으로 텃밭을 하지는 않았다. 결정적으로 풀이 너무 많아 손댈 엄두가 나지 않았다. 친한 지인이 포클레인까지 불러 복숭아, 사과, 아로니아 나무를 없애고 거름을 넣어 밭이랑을 만들었으니 씨 뿌리라며 부른다. 또 쓸데없는 데 돈 쓰게 생겼다.

주말에만 가니 천지가 할 일이다. 여기저기 고개 내민 꽃에게 제대로 눈길한 번 주지 못하고 일만 하다 온다. 한 주만 안 가도 풀이 내 키만큼 자라 다른 데 신경 쓸 겨를이 없다. 보기만 해도 지친다. 자연에서 여유로운 주말을 꿈꿨던 순진한 생각은 이놈들이 다 망쳤다. 서둘러 옷 갈아입고 호미를 챙긴다. 땡볕에 몇 시간을 쪼그려 앉아 풀뿌리 캐느라 온 힘을 쏟는다. 엄지손가락 관절이 아프다. 그렇게 뽑아도 한 주 지나서 오면 그만큼 또 자란다. '풀과의 전쟁' 이라더니 괜한 말이 아니다.

새로 만든 밭에 씨도 뿌리기 전에 잡초가 먼저 자리 잡는다. 고추 모종 150주, 가지와 오이 세 주씩을 샀다. 전날 밤 물에 담가 불려 두었던 호랑이 강낭콩도 가져왔다. 미리 심었던 옥수수와 열무는 제법 자랐다. 약을 안 했더니 열무 이파리마다 벌레가 붙어 진액을 빨았는지 구멍이 송송 뚫렸다. 한 주 더 두면 안될 것 같아 다 뽑았다. 망할 놈들. 그래 지들도 먹고 살아야지.

비닐 구멍에 간격 맞춰 고추 모종을 심었다. 남편은 지주대를 박고 끈을 묶는다. 남은 밭에 얼갈이, 상추씨를 뿌리고 호랑이 콩도 심었다. 열무 뽑은 밭을 정돈해 다시 씨를 뿌렸다. 새순이 돋아도 벌레 때문에 제대로 남아날까 싶다. 수확한 열무는 김치 담아 애들에게 보내야겠다. 내 팔 길이만큼 자란 옥수수는 세 그루씩만 남기고 나머지는 호미로 끊어 버렸다. 고추 모종 한 그루 한 그루에 물 주고 곁순까지 따고 나니 하루가 간다.

날이 계속 가문데도 무거운 흙을 뚫고 나온 어린싹이 기특하다. 너무 작아 겨우 눈에 띄지만 뿌리내려 결국 살아남았다.

고구마를 심으려고 일요일 오전 여섯 시에 집을 나섰다. 날이 가무니 해 뜨기 전에 심고 물을 듬뿍 줘야 한다고 했다. 순은 밭이랑 만들어 준 지인이 주기로 했다. 밭에 도착하니 지인은 사모님과 아주머니 한 분을 데리고 왔다. 잠깐 풀 매고 있는 사이 두 사람이 순식간에 심는다. 스프링클러를 빌려 와 밭 가운데 세우고 온종일 틀었다. 풀 뽑다 시원하게 내뿜는 물에 옷이 다 젖었다.

옷을 말리려고 해를 뒤로하고 열무를 다듬었다. 그동안 남편이 계속 물 준 덕에 줄기가 뻣뻣하지는 않다. 주위가 고요하고 평화롭다. 바람에 댓잎 부딪치는 소리가 들린다. 건너에서 들리는 뻐꾸기 소리가 적막을 깬다. 하늘을 보니 비 올 기미가 없다. 눈이 부셔 쳐다볼 수가 없다. 강렬한 햇빛이 모든 걸 빨아들인다. 줄줄이 서 있는 고추며 긴 잎을 늘어뜨린 옥수수, 축 처져 엎드린 고구마가 나를 깨운다. 땀과 손길과 발길이 만든 풍경이다. 흐뭇하다. 올해는 제법 농사짓는 것 같다.

그동안 농약은 한 번도 사용하지 않았다. 농약을 하지 않으면 건질 수 있는 열매가 없다고 하는데 그것도 고민이다. 작년에 감나무 세 그루에서 스물여덟 개, 자두나무 네 그루에서 일곱 개 땄다. 실망스러웠다.

가뭄으로 애써 심은 고구마가 죽을까 봐 남편은 3일간 물 주러 다녔다. 정성을 알았는지 고구마 순이 드디어 고개를 들었단다. 때마침 주말에 비가 와 한시름 놓았다. 밭고랑 풀이 비에 힘을 받았는지 살판났다. 언제 다 뽑을지 걱정이지만 일단 농작물은 심었으니 자연에 맡길 수밖에.

글쓰기를 한다. 특별한 사람만이 하는 일이라 생각했는데 마음만 먹으면 누구나 할 수 있다. 하지만 농사도 마찬가지지만 쉽게 되는 것은 아무것도 없다. 글감과 첫 문장 생각하다 며칠이 지나기도 한다. 쓰는 시간보다 머물러 있는 시간이 훨씬 많다. 도저히 생각이 안 날 때는 그만두고 싶은 유혹도 생긴다. 그래도 머리를 짜내다 보니 이번 학기에만 열여섯 편의 글이 모였다. 글을 쓰며 생각지도 못한 소중한 기억을 찾기도 했다. 옛일을 되새기며 나도 모르던 감정이 솟아나 서운했던 일도 이해하게 되었다. 그동안 남이 쓴 글을 읽으며 쉽게 썼을 거라 여겼는데 문장 하나하나 어려운 과정을 거쳤다는 공감도 하게 되었다.

가뭄으로 농작물이 맥을 못 추더니 이번 비로 생기를 되찾았다. 그러고 보니 비도 그렇고, 시원한 바람, 따뜻한 햇볕, 맑은 공기도 당연한 것이 아니었다.

산이 주는 행복

자신이 좋아하는 분야에 열성적으로 돈과 시간을 투자하는 사람이 부럽다. 좋아하는 무언가가 있다고 한들 그것을 취향이라고 밝히기엔 너무 보잘것없어 내놓기가 부끄럽다. 미치도록 한 분야에 빠져 전문가가 될 정도가 되어야 남에게 취향이라고 말할 수 있는데 그렇게까지 빠져본 적이 없다.

내가 어릴 때(60년대)는 다들 가난해 취미로 무엇을 배운다는 것은 부잣집 애들에게나 해당되는 일이었다. 먹을 것이 부족해 식모살이 가는 아이들이 있었으니 학교 졸업한 것만도 감사하고 선택받은 일이었다. 그런 탓인지 어른이 돼서도 무엇을 좋아하고 잘하는지 생각해 보지 않았다. 하루하루 그냥 열심히 살았다. 시간이나 생활에 여유가 생기면서 가슴 떨리도록 좋아하는 취미가 생겼다. 등산과 식물 가꾸기다.

나는 산을 좋아하고 잘 탄다. 동료들은 내게 힘든 산을 쉽게 오른다고 하는데 힘들지 않은 사람은 없다. 다른 사람들은 천천히 쉬다 걷다를 반복하지만 나는 쉬지 않고 빠르게 걷는다. 자주 쉬면 더 힘에 부치니 어차피 정상까지 가야 한다면 그저 부지런히 가는 것이 최선이다.

애들이 어릴 때는 주말에 해야 할 일이 많아 엄두도 못 냈다. 엄마 손이 필요하지 않을 만큼 자라자 산을 싫어하는 남편은 빼고 친하게 지내는 지인 부부와 셋이 다녔다. 가까운 지리산, 노고단, 조계산을 아침 일찍 출발해 저녁에 돌아오곤 했다. 정상까지 오르다 보면 힘들기는 하지만 어느 순간 성취감과 뿌듯함을 느낀다. 오만가지 아름다운 소리를 들으면 가슴 벅차고 세상 근심이 다 사라진다. 덤으로 계절마다 산이 주는 선물까지 받으면 더없이 행복하다. 그 맛에 계속 다녔다.

오래전 겨울, 지인 부부와 노고단을 갔다. 보통은 성삼재 휴게소까지 차로 이동해 정상을 오르는데 우리는 화엄사에서 출발하기로 했다. 겨울 산을 제대로 느끼고 싶었다. 아침 일찍 나섰다. 화엄사 주변은 고즈넉하고 조용했다. 조금 오르니 사람이 보인다. 매서운 추위인데도 나선 것을 보니 산 꽤나 좋아하나 보다.

계속 오르막이다. 겨울 산은 위험하기도 하지만 능선 위를 덮은 눈이 아름다운 곡선을 만들어 보는 이를 감탄하게 한다. 크고 작은 나무는 눈을 뒤집어쓴 채 힘겹게 몸을 지탱하고 있다. 바람에 견디다 못한 눈이 한 움큼씩 떨어진다. 숨을 고르고 마지막 계단을 천천히 올랐다. 예상했던 시간보다 일찍 도착했다. 정상이다. 몸이 휘청거릴 만큼 바람이 세다. 먼저 도착한 사람은 바람을 맞으며 사진 찍느라 바쁘다. 주변을 둘러보니 평탄하게 이어진 눈 덮인 산등성이에 임걸령이 눈앞이다. 조금만 가면 닿을 것 같다. 병풍처럼 펼쳐진 눈앞 풍경에 입을 다물지 못했다. 소리 몇 번 내지르고 셋은 호기롭게 임걸령까지 갔다 오자고 했다. 시간이 어중간하지만 우리 실력이면 충분히 갔다 올 수 있을 거라 했다.

배낭을 고쳐 매고 칼바람을 맞으며 빠르게 걸었다. 눈이 쌓여선지 발이 무릎 위까지 쑥쑥 빠지고 시간이 배로 걸렸다. 다시 돌아갈까 하다가 그래도 나선 길이니 목적지까지 가자고 했다. 다시 걸었다. 마음은 급한데 눈은 계속 내린다. 정상에 오르니 벌써 주변이 어둑하다. 좁고 볼 것은 없었지만 목적은 달성했으니 빨리 내려가야 했다. 마음이 급해졌다.

산이라 금방 어두워졌다. 주변이 캄캄하다. 사물을 구분하기 힘들고 평소 고맙게만 여겼던 나무들이 무섭게 다가온다. 겁이 났다. 머릿속에 별별 상상이 다 떠오른다. 누가 먼저랄 것도 없이 달리기 시작했다. 불빛도 없는 칠흑 같은 어둠에다 눈까지 내리는 산길을 젖 먹던 힘을 다해 뛰었다.

다리가 마비된 것 같았다. 고요한 산속에 세 사람의 거친 숨소리와 바람에 나뭇잎 부딪치는 소리만이 들릴 뿐이다. 길이라도 잘못 들면 큰일이다. 어두워지니 겨우 한 사람만 다닐 수 있는 길폭도 신경 쓰였다. 잘못 디뎠다간 아래로 떨어질 수 있었다. 정신없이 뛰었더니 노고단 산장 부근 불빛이 보인다. 안심이다. 온몸이 꽁꽁 얼어 감각이 없다. 다리를 만졌더니 나무토막 같다. 더 이상 걷기도 힘들었다. 눈은 계속 내리는데 지친 몸으로 화엄사까지 걸으려니 눈앞이 캄캄했다. 그 자리에 그대로 눕고 싶었다.

손전등을 비추며 지친 몸으로 한참을 걸어 내려오니 트럭 한 대가 보인다. 차를 세워 사정을 이야기했다. 기사님은 흔쾌히 태워 주신다. 우리의 무모한 모험담을 들은 아저씨는 "겨울 산을 얕보면 큰코다칩니다"고 말씀하신다. 고마운 기사님 덕분에 화엄사까지 편하게 왔다. '자연 앞에서 겸손하라'는 말을 다시 새겼다.

자연은 우리에게 많은 걸 내주지만 때론 조심하라 경고도 한다. 지구 곳곳에서 일어나는 이상기후도 그렇고, 바이러스 공격도, 지구 온난화 때문에 극지방과 고산 지대의 거대한 얼음이 녹는 것도 다 자연이 힘들다는 신호이다. 이대로 가다 얼마나 많은 대가를 치를지 걱정이다.

언제부턴가 무릎이 아파 산에 가지 않는다. 이제는 산이 주는 행복을 맛보진 못하지만 대신 케이비에스(KBS) 2 티브이 다큐멘터리 '영상 앨범 산'을 보며 대리 만족한다.

세상과 만나다

2016년 원하던 국외 여행을 가게 됐다. 여행 계획서가 운 좋게 통과됐나 보다. 나이가 한 살이라도 젊을 때 꼭 한번 도전하고 싶었다. 드디어 소원이 이루어졌다. 4명이 한팀으로 8박 10일, 꿈꾸던 나라 스페인으로 자유여행을 간다. 평균나이 54세. 우리 중 영어 잘하고, 자유 여행을 해 본 사람은 아무도 없다. 무모하지만 그냥 부딪혀 보기로 했다. 가슴 벅차다. 어린애처럼 설렌다.

막상 준비하려니 무엇 먼저 해야 할지 막막했다. 여행 전문가인 선배에게 도움을 청했다. 마드리드, 코르도바, 톨레도, 그라나다, 바르셀로나 지역이라 했더니 본인이 이미 갔던 코스라 한다. 우리가 갈 장소, 숙박지(호텔과 아파트), 비행기 표, 이동 수단 예약을 도와주었다. 주의해야 할 것까지 알려 준다. 준비할 것이 많았다. 8박 10일을 무사히 계획대로 해 낼지 걱정이 앞선다. 젊은 친구보다 모바일 기기 다루는 것도 느려 출발 전까지 방문 지역을 나눠 공부하기로 했다. 본인이 맡은 곳은 전문가가 되어 나머지 팀원을 이끌기로 했다.

2016년 8월 8일 인천공항에서 출국 심사를 마치고 드디어 Finnair AY42 비행기를 탔다. 헬싱키를 경유해 마드리드에 도착했다. 호텔에 가려고 택시를 탔다. 운전기사에게 시도르메 마드리드 푸엥 카랄 52라고 했더니 그곳으로 안내한다. 걱정을 뒤로하고 어쨌든 첫 관문을 통과했다. 호텔에 도착해 짐 정리하고 다음 날 일정을 꼼꼼히 확인했다. 내일부터 시작이다. 짧은 영어로 잘 해낼지 걱정이다. 긴장한 탓인지 다들 곤한 잠에 빠졌다.

첫날은 스페인에 유학하는 한국 학생 가이드가 함께했다. 그란비아 거리, 스페인 광장, 마요르 광장, 솔 광장, 마드리드 왕궁과 대성당을 보았다. 자세한 설명을 들어서 좋았다. 이곳에서 세르반테스의 소설에 등장하는 돈키호테와 산초 동상을 보다니 신기했다. 그 유명한 소설을 쓰고도 생활이 어려워 판권을 출판사에 넘겨 이득을 보지 못했다니 안타까웠다. 스페인은 광장 문화가 발달한 나라다. 유럽에서 민주주의가 발달한 이유를 확실히 알았다. 프라도 미술관에 가면서 가이드에게 다음날 톨레도 가는 기차표 예약을 부탁했다. 미술관 앞은 긴 강줄기를 연상할 만큼 사람이 많다. 대단한 나라다.

8월 9일 둘째 날, 아토차렌페 역으로 가 짐을 맡기고 톨레도행 기차를 탔다. 이슬람 문화가 곳곳에 남아 세계 문화유산으로 지정된 곳이다. 소코도베르 광장을 시작으로 톨레도 대성당을 구경했다. 우리의 상상을 뛰어넘는 웅장함에 놀랐다. 오후에는 시가지가 한눈에 보인다는 빠라도르 호텔에 갔다. 강으로 둘러싸인 요새 중의 요새를 눈으로 확인했다. 예상했지만 일정이 빡빡해 벌써 지치고 피곤했다. 때마침 타호강을 타고 바람이 분다. 시가지가 잘 보이는 야외 카페에 자리 잡고 커피를 주문했다. 의자에 기대어 잠깐의 여유를 즐겼다. 중세 시대가 눈 앞에 펼쳐진 것 같다. 아름다운 도시를 뒤로하고 코르도바로 가는 기차를 탔다. 숙소에 짐을 풀고 밤 아홉 시 거리로 나갔다. 분수광장에는 가족, 연인, 친구가 모여 이야기꽃을 피운다. 우리도 같이 젖어 들었다.

8월 10일, 코르도바 투어 날이다. 먼저, 현재 구시가지에 유일하게 남은 세계 최대 규모의 메스키다 사원을 갔다. 여덟 시 30분에 무료입장이다. 서둘렀다. 5미터 이상 된 큰 나무와 오렌지 나무가 많았다. 카톨릭 대성당과는 분위기가 달랐다. 이슬람 문화의 편견을 버렸다. 시대나 각 나라의 문화는 존중하고 인정해 주어야 한다는 생각을 다시금 했다. 아침을 먹지 않아 사원 근처 빵집에 갔다. 스페인 빵 하몽과 커피를 주문했다. 색다른 맛이다. 빵집을 나와 로마교를 걸었다. 다리 끝에 칼라오 탑이 보인다. 14세기 이슬람 시대의 요새라고 했다. 로마교를 걸어 왼쪽 길로 가니 알카

사르 궁전이다. 콜럼버스가 신대륙을 발견하려고 첫 항해를 떠나기 전 두 왕을 알현한 장소로 유명한 곳이다. 로마 시대 석관이 보이고, 벽은 여러 개의 작은 조약돌로 모자이크했다. 지하에는 감옥도 있었다. 위쪽 작은 구멍으로 약간의 빛이 들어왔다. 중죄인을 가두는 곳이었을 것이다. 햇빛 하나 없는 곳에서 얼마나 힘들었을까?

물의 정원으로 갔다. 콜럼버스 동상이 보인다. 신대륙을 발견했지만 결국 외면당했다는 영웅을 보고 사람들의 가치관을 생각했다. 그것을 어디에 두느냐에 따라 인생 방향이 달라진다는 것은 예나 지금이나 다를 바가 없었다. 그가 다시 살아온다면 어떻게 살까 상상했다. 정원은 아름다웠다. 더구나 하나가 아니라 둘이다. 대칭으로 균형을 이루어 아름다움을 표현했나 보다. 코르도바의 찬란한 이슬람 문화를 접하며 무섭고 잔인하게만 보였던 그들이 위대해 보였고 손재주에 감탄했다.

8월 11일, 세비야 가는 날이다. 아파트를 숙소로 잡았다. 도착하니 문이 잠겼다. 지금까지는 짧은 영어지만 의사소통이 가능했는데 난감했다. 도움을 청하고 싶어도 주변에 개미 새끼 한 마리 보이지 않는다. 문을 흔들었더니 2층에 투숙한 프랑스 여행객이 나온다. 우리를 보고 짐작했는지 주인과 통화해 비밀번호와 문 여는 방법, 옥상에 테라스가 있다는 것까지 친절하게 알려 준다. 고마운 사람이다. 처음 본 사람에게 거부감 없이 전화까지 해 주다니. 숙소는 깨끗하고 예뻤다. 짐을 풀고 나왔다. 시간이 늦어 세비야 대성당은 들어가지 못하고 히랄다 탑만 봤다. 웅장하고 거대했다.

날씨가 더웠다. 점점 더 힘들고 지친다. 오후에 스페인 광장을 찾아 걸었다. 1929년 라틴 아메리카 박람회장으로 사용하려고 만들었다고 한다. 광장을 빙 둘러 물이 흐르고 한가하게 보트 타는 사람도 여럿이다. 보고 싶은 곳은 많은데 체력이 바닥이다. 쉬고만 싶었다. 계단에 앉아 사람들을 구경했다.

8월 12일, 프라자 드 알마스 버스 터미널에서 버스로 네 시간을 달려 그라나다로 갔다. 창밖은 온통 올리브 나무뿐이다. 황량하기만 하다. 신록이 우거지고 아기자기한 논밭이 있는 우리네 산과 들이 그립다. 그래도 알람브라 궁전을 가는데 이까짓 네 시간이 대수냐. 설레는 마음으로 도착했다. 이곳 숙소도 아파트다.

슈퍼마켓에서 간단하게 식재료와 과일을 사 숙소에 두고 니콜라스 전망대에 가려고 밖으로 나왔다. 숙소를 못 찾을까 봐 사진을 찍었다. 아무래도 걷기엔 먼 거리다. 택시를 탔다. 전망대에 도착하니 관광객들이 엄청나다. 사람들 틈을 비집고 앞으로 나갔다. 갓 결혼한 신랑 신부가 포옹하며 사진을 찍는다. 웨딩드레스를 입은 신부가 행복해 보였다. 노을과 함께 건너편 알람브라 궁전이 보인다. 비극적 최후를 맞은 왕과 어머니를 상상하는지 궁전을 바라보는 관광객 모두 숙연하다. 넋을 잃고 한참을 봤다. 시간이 늦어 내려오는데도 자리를 지키는 사람이 많다. 아마 야경 속 아름다운 궁전을 더 보고 싶나 보다.

8월 13일, 드디어 알람브라 궁전 투어다. 들뜬 마음도 잠시 예매한 종이를 가져오지 않았단다. 그렇게 확인했건만 중요한 티켓을 놓고 오다니. 관광객이 많아 서둘러야 했다. 양쪽으로 나누어 일을 보기로 했다. 둘은 궁전으로 가 줄 서고, 둘은 확인하는 절차를 밟았다. 마침 우리나라 대학생을 만나 통역을 부탁했다. 다행히 예매했던 카드가 있어 표 네 장을 받았다. 말이 통하지 않아 가장 기대했던 곳을 못 볼 뻔했다.

궁전은 아라베스크 문양과 보석을 박은 듯한 화려한 이슬람 양식 조각들로 만들어져 감탄사가 절로 나왔다. 정원에 심은 나무로 벽과 문을 고딕 양식으로 장식했다니 놀랄 따름이다. 물소리 새소리를 들으며 오래 머물고 싶었다. 그곳에서 본 알바이신 지구도 멋졌다. 이슬람 마지막 나스르 왕조 보압딜 왕과 그의 어머니는 시민들의 안전을 보장받는 조건으로 에스파냐 군대에 궁전을 바치고 항복했다니 아름다운 궁전을 떠나는 그들 모자를 상상했다. 어느 시대나 서글픈 역사는 존재한다. 화려한 대성당을 여럿 봤지만 알람브라와 견줄 바가 아니다. 궁전을 빠져나왔다. 숙소를 못 찾고 또 헤맸다. 아침에 찍은 사진을 봐도 모르겠다. 여기가 거기고 거기가 여기다. 한참을 돌다 어렵게 찾았다. 어이없지만 넷 다 길치(길을 모르는 사람)로 바보다. 장난으로 서로를 놀렸다. 씻고 일찍 자리에 누웠다.

8월 14일, 가우디가 설계한 사그라다 파밀리아 성당(성가족 성당)을 보려고 까달리나 광장 카페 앞에서 전세 버스를 탔다. 먼저 카사밀라와 카사바트요로 갔다. 가우디가 유명한 까닭을 알려주었다. 다음은 구엘 공원. 자연과의 조화를 소중히 여겼다고 하는데 설명을 들어도 하나도 모르겠다. 나같은 비전문가가 예술가의 깊은 뜻을 어찌 알겠는가. 타일로 만든 세계에서 가장 긴 소파에서 사진도 찍었다. 유명한 파밀리아 성당에 갔다. 아직도 미완성인 성당 앞에는 전 세계에서 모여든 관광객들이 빼곡히 들어서 있었다. 스페인 여름도 더웠다. 그나마 습도가 높지 않아 다행이다. 많이 걸었더니 서 있기가 힘들다. 앉을 자리만 보였다. 바닥에라도 그대로 눕고 싶었다. 전문 가이드의 설명을 들으며 외곽을 한 바퀴 돌고 성당으로 들어갔다. 가우디의 창의성과 섬세함에 고개가 숙여진다. 훌륭한 조상 덕에 많은 후손이 관광객으로 먹고 산다니 그런 예술가를 품은 스페인이 부럽다.

황영조가 금메달을 땄다는 몬주익 언덕 바르셀로나 올림픽 경기장을 갔다. 신기했다. 뉴스로만 듣던 곳에 섰다는 게 믿기지 않았다. 동상과 함께 동판에 찍힌 손도 있었다. 텔레비전에서 중계할 때는 그러려니 했는데 현장에 서니 이 먼 곳까지 와 외로운 싸움을 한 선수가 대단하고 존경스러웠다.

8월 15일, 시간이 빠르게 지났다. 여행도 막바지다. 바르셀로나 시내를 보고 고딕 지구로 갔다. 스페인은 어디를 가든 중세 시대에 온 것 같은 착각에 빠진다. 옛것을 소중히 여겨 문화재나 건물을 고스란히 보존하고 있었다. 겉모습은 그대로 유지한 채 내부만 리모델링 한단다. 심지어 일반인이 사는 집조차도 그대로 보존하고 대문에 건축한 연도까지 새겨져 있다. 모두 오래된 집이다. 또 하나 골목길이 옛것 그대로다. 구부러진 곡선이 어릴 때 우리 동네다. 너무 좁아 차가 다니기 어려운 곳은 일방통행으로 보존했다. 점점 없애고 개발하는 우리나라를 생각했다.

8월 16일, 드디어 집에 간다. 새벽에 일어나 짐을 챙겼다. 바르셀로나 공항으로 이동했다. 헬싱키를 경유해 인천공항으로 간다. 비행기에 올랐다. 평균나이 54세. 모르면 용감하다는 말처럼 겁 없이 덤볐다. 아는 단어 몇 개로 의사소통하며 스페인 여행을 같이한 동료들이 고맙다. 혼자서는 생각지도 못할 일인데 함께여서 도전할 수 있었다.

8월 17일, 열두 시간을 날아 인천공항에 도착했다. 안심이다. 사고 없이 한국으로 돌아올 수 있어 고맙다. 짐을 찾아 공항을 나서니 후덥지근하다. 익숙한 더위다. 그래도 반갑다. 며칠은 시차 적응하느라 힘들 것이다. 다른 나라 문화를 접하며 감탄도 했지만 우리 것의 소중함도 다시 생각했다.

시작이 이게 뭐야

해마다 1월이 되면 한 해 시작이라며 계획을 세우기도 하고, 지난해보다 더 잘하리라 다짐하기도 한다. 새 학기 때문인지 아니면 여기저기서 생명이 꿈틀대서인지 3월이 되어야만 비로소 한 해 시작이라는 생각이 든다.

근무하는 학교 4년 만기가 되어 다른 곳으로 옮겨야 하는데, 정년도 얼마 남지 않았고 나이 들수록 새로운 곳에 정착하는 게 힘들어 유보 신청을 했다. 다행히 남은 2년을 같은 학교에서 계속 생활하게 되었다. 어디든 적응하면 되지만 그래도 익숙한 곳이 좋다.

3월 2일 개학을 며칠 앞두고 남편이 코로나 양성 판정을 받았다. 식당에서 친구랑 같이 밥 먹다 감염되었나 보다. 그동안 남 일이라 여겼는데 혼자 조심한다고 되는 게 아니었다. 잘 나가지도 않고 그렇게 주의했는데 어쩌다 한 번의 외출로 생각보다 쉽게 확진자가 되었다.

아침밥을 같이 먹었는데 걱정됐다. 보건소에 가서 검사하니 괜찮았다. 남편을 방으로 들여보내고 혹시 하는 마음에 마스크 2개를 겹쳐 썼다. 밥을 차려 문 앞에 두면 가지고 들어가 먹고는 본인이 그릇을 씻는 동안 나는 방으로 들어갔다. 남편이 들어가면 내가 그릇과 거실을 소독하고 될 수 있으면 서로 마주치지 않았다. 출근이 코앞이라 7일 동안 피씨알(PCR)과 자가 키트 검사를 반복했는데 다행히 아무 이상 없었다. 조심하며 일주일을 보내고 드디어 3월 1일 남편은 해제되었다.

한 공간에서 생활했던지라 혹시나 해서 아침에 일어나자마자 검사했더니 한 줄이다. 내 면역력에 놀랐다. 안심하며 오후에 친한 후배와 동네를 한 바퀴 도는데 목이 컬컬하며 콧물이 나온다. 여지껏 감기라고는 모르고 살았는데 이상하다 싶어 서둘러 보건소로 갔다. 검사자가 많아 결과는 다음 날 오후에나 나온다고 했다. 아홉시 전에 알아야 출근을 하든지 말든지 할 것인데 안 되겠다 싶어 다시 자가 키트 검사하는 곳으로 갔다. 두 줄이 나왔다. 원래는 자가 키트를 먼저 하고 양성이 나와야 피씨알 검사로 넘어가는데 거꾸로 했다며 검사원이 난리다. 어찌 됐든 돌아다니지 말고 집에 가서 기다리라고 한다.

하필 다음 날이 개학인데, 2022년 새 학기 시작인데 7일간 격리라니 어이가 없었다. 내가 확진자가 되었다. 교장, 교감에게 전화하고 집에 와 필요한 몇 가지만 챙겨 방문을 굳게 닫았다. 남편이 밥을 차려 문 앞에 두면 그것을 받아먹었다. 감옥에 갇힌 죄수 같아 꼴이 우스웠다.

쉬는데도 마음은 불편했다. 차라리 학교 출근하는 것이 더 낫겠다 싶었다. 그동안 밀쳐 두었던 책이라도 읽으려는데 머릿속에 하나도 들어오질 않는다. 엎친 데 덮친다고 첫날부터 허리가 조금씩 아프더니 다음 날 아침에는 움직일 수가 없다. 며칠 누워 있으면 괜찮아지겠거니 간단하게 생각했는데 통증이 심해 아무것도 할 수가 없다. 사람에 따라 바이러스가 가장 약한 부분을 공격한다더니 평소에 좋지 않은 허리 쪽으로 붙었나 싶었다. 병원을 갈 수 없으니 더 답답했다. 몸을 움직이지 않고 가만히 누워 있으니 지저분하고 치워야 할 것만 더 눈에 띈다. 벌떡 일어나 눈에 거슬리는 것을 없애고 싶었지만 마음 뿐이다.

닷새가 되어도 좋아질 기미가 없다. 안 되겠다 싶어 척추 전문 병원을 하는 남동생에게 전화해 약을 보내 주라고 했다. 동생은 약을 먹어도 계속 아프면 주말에 서울로 올라오라고 한다. 일주일을 쉬었는데 또 학교를 쉬는 게 미안해 출근 진날까지는 회복하고 싶었다.

해제되었다는 문자는 받았지만 불안했다. 아침에 일어나니 여전히 허리가 펴지지 않는다. 남편은 그런 몸으로 나가려고 한다고 난리다. 고집을 부려 허리를 구부리고 겨우겨우 학교에 갔다.

개학하자마자 학교는 학교대로 확진자가 많이 생겨 소식 공유하느라 카톡에 불이 났다. 전교생이 피씨알 검사를 해 결과가 나올 때까지 비대면 수업이라며 학교는 조용했다. 다음 날이 대통령 선거일로 쉬는 날이라 그나마 다행이었다. 교실에 앉아 있는데 누르는 힘 때문에 더 아팠다. 바쁜 일만 대충 마무리하고 집으로 왔다.

투표는 해야겠기에 허리를 구부리고 다녀왔다. 약 먹고 하루 종일 누워 있었더니 참을 만해 다음날 출근했다. 앉아 있으면 은근히 아리고 예전처럼 활발하게 움직이기 힘들지만 동생이 준 약 덕분에 많이 좋아졌다. 새삼 약을 개발한 사람이 고마웠다. 주변에 확진자가 폭발적으로 많아지다 보니 코로나를 두려워하던 마음이 해이해졌지만, 후유증이 있는 것을 보니 겁이 났다.

벌써 3년째 코로나로 일상생활이 힘들고, 가족뿐 아니라 사람 관계를 단절시키기도 하지만 훌륭한 연구자들 덕분에 곧 좋아지리라 믿는다. 홍매화가 꽃망울을 터뜨려 봄을 알리면 매서운 꽃샘추위가 와도 참을 수 있다. 곧 따뜻한 날이 오리라는 것을 알기 때문이다. 요란스럽게 맞이한 3월이지만, 그런 기대로 시작하려 한다.

인생 여행

계획했던 여행을 갈 수 있을지 걱정되었다. 수도권에 폭우가 쏟아져 집이 침수되고, 산사태로 도로가 통제되고 전국이 난리다. 기상청에서는 여행 기간(8. 17.- 8. 19.) 수도권 폭우가 중부 지방으로 내려온다고 했다. 목적지가 충북 단양인데 하필 이번 주라니 출발하기 겁났다. 숙소 예약도 몇 달 전에 끝냈고, 준비물까지 다 나눴는데 고민이다. 순천도 하루 종일 비가 내린다. 여행 당일은 갠다고 해 그냥 가기로 했다.

남편 친구 부부 모임인데 이번에도 여자들만 간다. 차 점검도 마쳤다. 4시간이 넘는 장거리 운전이 부담스럽다.

아침에 눈 뜨자마자 날씨부터 확인했다. 순천은 약간 흐렸지만 단양은 맑다고 했다. 예술회관 주차장으로 갔다. 준비물 산다고 먼저 온 일행도 도착했다. 트렁크에 가방을 싣고 드디어 출발이다. 처음 가는 길이라 네비게 이선은 필수다. 먼 길 갈 때마다 하는 생각이지만 누군지는 몰라도 참 쓸모 있게 잘 만들었다. 이게 없으면 갈 엄두도 못 냈을 텐데 말이다. 곧바로 숙소인 소노문 리조트로 가 짐을 풀고 움직이기로 했다. 함양휴게소에서 점심을 먹었다. 위쪽으로 올라갈수록 푸른 하늘이 보인다. 좋은 징조다.

오후 2시 넘어 리조트에 도착했다. 장엄하고 포근한 소백산과 남한강이 보이는 전경 좋은 11층으로 객실을 잡고 오후에 갈 곳을 의논했다. 충주호 유람선을 타려고 했는데 전날 비로 물이 불어 금요일까지 배가 뜨지 않는다고 한다. 대신 구경시장에서 이른 저녁을 먹고 단양강 잔도로 가기로 했다. 숙소에서 멀지 않았다. 시장 주변은 관광객들로 북적인다. 다들 흙 마늘 닭강정 상자 하나씩 손에 들고 다녔다. 하도 유명해 우리도 사려고 갔더니 곳곳에 길게 줄을 섰다. 사회관계망 서비스를 보고 온 사람들이다. 재료가 다 떨어졌단다. 저녁으로 석갈비를 먹고 단양강으로 갔다. 남한강 암벽을 따라 총 1.2km 덱을 설치해 강 풍경을 감상하며 걸을 수 있도록 해 놓았다. 다양한 식물이 자랐고 특히 연한 부처손이 많았다. 손대지 말라는 경고문이 붙었다. 2021년과 2022년 한국 관광 100선에 선정되었다고 하는데 이름값 만큼 사람도 많고, 가슴이 뻥 뚫리는 절경이다. 저녁 일곱 시가 되니 다리에 불이 들어온다. 난간 불빛이 강물에 비춰 고즈넉한 분위기를 더한다. 왕복 40분이 걸렸다. 숙소로 돌아와 맥주 한 잔으로 여행 기분을 만끽했다.

8월 15일 말복이 지났다고 아침저녁으로 찬바람이 돈다. 역시 절기는 무시할 수 없나 보다. 한낮은 아직 땡볕이지만 돌아다닐 만했다. 둘째 날은 단양 팔경과 동굴을 탐방하기로 했다. 오전은 고수 동굴, 도담 삼봉, 석문을 점심 먹고는 옥순봉과 구담봉, 이끼 터널, 개빛 터널, 사인암을 돌 예정이다. 언제 비 걱정했는지 모를 만큼 활짝 갠 날씨가 고마웠다.

국내 최고의 석회암으로 이루어진 고수 동굴은 숙소에서 10분도 걸리지 않았다. 어느 동굴이나 마찬가지지만 웅장하면서 섬세한 자연에 놀라고 또 놀랐다. 하지만 계단이 가팔라 무서웠다. 아래를 내려다보며 높이를 가늠하니 오금이 저렸다. 고소 공포증 때문에 손잡이를 꼭 붙들고 심호흡하며 천천히 올랐다. 만드느라 수고한 사람들이 새삼 고마웠다. 철근 시다리 하나하나를 이어 붙이며 얼마나 겁났을까. 자연이 아니면 빚을 수 없는 예술 작품으로 인간의 손길이 닿지 않아 더 신비롭다. 일행 모두 감탄사를 연발했다. 아직도 물이 흘러 굴 형태가 계속 변형되는 중이라고 한다. 종유석 1cm 자라는 데 100년이 걸린다고 하니 이런 동굴이 만들어지기까지의 세월을 생각하니 어마어마했다. 시원한 동굴을 빠져나오자 강렬한 햇빛이 눈부시다. 기념으로 입구에서 독사진 한 장씩 찍었다.

옥순봉과 구담봉을 가려고 장회 나루 쪽으로 차를 돌렸다. 한참을 가니 주차장이 보인다. 차를 세우고 올라갔다. 등산길이 이어져 의아해하던 차에 마침 내려오는 사람이 보였다. 옥순봉과 구담봉을 물으니 이곳은 등산 코스로 그곳을 보려면 장회 나루에서 유람선을 타야 한단다. 길을 잘못 들었다. 우선 점심을 먹기로 했다. 시원한 콩국수를 먹고 한숨 돌렸다.

장회 나루로 갔더니 사람이 많다. 기다리다 한 시에 출발했다. 선장님의 설명이 이어졌다. 단양은 가는 곳마다 카르스트지형으로 암석이 예사롭지 않았다. 도담 삼봉이나 옥순봉과 구담봉도 그렇고 그 외 주변 봉우리도 다 석회암 덩어리가 층층이 올려졌다. 옛 시대 양반들이 아름다운 절경이라 예찬했다지만 내 눈에는 약간 특이한 봉우리로 보였다. 하기야 지금은 새로 지은 건물이 많아 옛날만큼 돋보이지 않을지 모른다. 주변이 다 초가집이고 잔잔하게 흐르는 물 위에 우뚝 솟은 세 개의 봉우리가 푸른 하늘과 어우러진 곳을 배 탄 양반들이 시 한 수 읊으며 유유자적할 때는 얼마나 멋졌겠는가? 옛사람의 눈에는 절경으로 보였음직하다.

이끼 터널과 개빛 터널은 연결돼 가까웠다. 나무 그늘 아래 넓은 벽면 전체가 이끼로 덮여 신비로웠다. 아쉽게도 이끼 위로 많은 커플 이름이 새겨져 움푹 파인 곳이 많다. 사랑을 확인하는 방법이 그것밖에 없었는지 참 이기적이라는 생각이 들었다. 훼손된 이끼가 다시 자라는 데만 이 년이 걸린다고 하니 방문하는 사람은 새겨들어야 하겠다. 숙소 가는 길에 전날 갔던 잔도를 다시 들렸다. 어제보다는 사람이 적어 걷기 수월했다. 해 질

녘 선선한 바람이 땀을 식혀 두 배로 시원했다. 강물과 어우러진 불빛이 더 아름다웠다. 저녁은 준비해온 반찬으로 숙소에서 해 먹기로 했다. 단양 시장에서 옥수수 막걸리를 샀다. 막걸리 축배다.

생각보다 관광 장소가 멀지 않아 이틀 동안 가고 싶은 곳은 다 봤다. 셋째 날은 영주에 들러 소수 서원과 부석사를 보기로 했다. 몇 년 전 갔을 때 감동을 잊을 수 없어 가 보자고 권했다. 순천서 충청도까지 쉽게 올 수 있는 곳이 아니어서 들렀다 가면 좋을 것 같았다.

오전 열 시에 도착한 소수 서원은 조용했다. 우리나라 최초의 서원으로 2019년 유네스코 세계 유산에 등재된 곳이다. 훤칠한 소나무가 위용을 자랑하며 우리를 맞는다. 이곳에서 공부한 선비들의 꼿꼿한 자세와 기품을 보는 것 같다. 옆으로 당간 지주가 보인다. 가서 보니 절터였다고 한다. 강학당 안 '소수 서원'이라는 사액 현판이 명종의 친필이라고 해 자세히 들여다보았다. 얼마 전에 쓴 것처럼 생생했다. 시간만 있으면 둘레길도 돌아보면 좋으련만 정해진 일정 때문에 학습하는 강학 공간과 제례를 지내는 제례 공간만 보고 서둘러 나왔다.

마지막 장소 부석사로 갔다. 도로 양옆 과수원에 붉은 사과가 한창 익어 간다. 무거운 열매 지탱하느라 축 처진 것이 안쓰러웠다. 그러고 보니 추석이 눈앞이다. 주차장은 공사 중으로 가을 손님 맞을 준비 하나 보다. 오전이라 조용했다. 나이 한 살 더 먹었다고 올라가는 길이 힘들다. 땀을 비 오듯 흘렸다.

부석사의 상징인 은행나무는 하늘 높은 줄 모르고 위로 뻗는다. 몇 년 전 왔을 때보다 더 숲을 이뤘다. 그 옛날 편리한 도구 없이 이렇게 높은 곳에 절을 세운 사람들 수고를 생각하니 가슴이 먹먹하다. 당간 지주를 선두로, 오르고 올라 안양루를 지나 국보 제18호 무량수전 앞이다. 공민왕이 직접 썼다는 현판이 보인다. 왠지 숙연해진다. 보통의 대웅전 불상은 정면을 바라보는데 이곳 무량수불인 아미타불은 서쪽에서 동쪽으로 방향이 다르다. 어쨌든 이것도 국보 제45호라니 놀랍다. 전문가가 아니라 팔작지붕, 배흘림기둥이 뭔지 몰라도 말은 많이 들어 설명을 자세히 읽었다. 실제 보며 하나하나 비교하니 이제야 알 것 같다. 이 절에만 국보 다섯, 보물 셋, 경상북도 유형 문화재 하나로 총 아홉 개의 문화재가 있다니 소중한 곳이다. 절을 방문하는 관광객이나 스님 모두 후손에게 물려줘야 할 책임이 있으니 잘 보존해야겠다.

가파른 산에 지은 무량수전에서 소백산 봉우리들이 아래로 보인다. 손에 잡힐 것처럼 가깝다. 폐 깊숙이 긴 숨을 들이마셨다. 그런데 이상하다. 몇 년 전 느꼈던 감동이 없다. 그동안 봤던 수많은 절 중 가장 예뻤다. 산비

탈을 깎고 평지를 고르면서 돌을 그대로 짜 맞춰 석축 위에 세운 것 하며 허리를 꼿꼿이 세우고는 무량수전으로 들어갈 수 없도록 만든 지혜에 감탄했었는데 무엇 때문인지 모르겠다. 나무가 자라 확 트인 전경을 막고 절집을 덮어서, 아니면 두 번째 방문이라, 좁은 절에 간격 없이 새로 지은 건물 때문인지 답을 찾지는 못했지만 무엇인가 아쉬웠다. 서운한 마음을 뒤로하고 부석사를 빠져나왔다.

주차장 부근에서 점심을 먹었다. 또 비 온다는 일기예보다. 서둘렀다. 내려가다 보니 빗방울이 하나둘 차창을 때린다. 순천에 도착하니 조금씩 비가 내린다. 다음 날 방송에서는 제천서 폭우로 산사태가 나 중앙고속 도로가 막혔다고 했다. 우리가 거쳐 온 곳이다. 가슴을 쓸어내렸다.

코로나19로 모든 것이 조심스러웠다. 폭우 때문에 갈까 말까 망설였지만 다행히 비 사이에 끼어 여행 내내 날씨가 좋았다. 말로만 듣던 단양 팔경과 많은 사람이 감탄해 마지않던 부석사까지 구경했으니 이번 2박 3일 여행은 성공이다. 우리나라에도 안 가본 곳, 아름다운 곳도 많은데 해외로 나가지 못한 걸 아쉬워했던 스스로를 반성했다. 살아 숨 쉬며 한없이 내어 주는 자연의 고마움도 다시 새겼다. 예순둘 인생 노트에 멋진 여행 한 페이지를 추가했다.

결혼식 덕담

드디어 11월 서른셋인 큰아들이 결혼한다. 적령기라는 나이가 정해져 있는 것이 아니지만 서른을 넘기니 가정을 이루어 알콩달콩 사는 게 보고 싶었다. 하지만 그게 쉽게 되는 게 아니어서 부러워하기만 했다. 사람을 소개해 준다고 해도 알아서 한다더니 어느 날은 같은 회사 근무하는 썸 타는 친구가 있다고 했다. 계속 만나는 것 같아 궁금했지만 소개해 줄 때까지 기다렸다. 그러더니 제주도가 고향인 인상 좋은 여자 친구를 데리고 왔다.

내가 결혼할 때는 혼수나 그 외의 것을 엄마가 다 알아서 해 주셨다. 아들은 결혼식에 쓰려고 그동안 둘이 따로 돈을 모아 두었다고 했다. 비용을 최대한 아끼려고 쓸데없는 것은 하지 않기로 하고, 앞으로의 계획도 다 세웠으니 걱정 말란다. 폐물도 반지 하나씩만 했으니 신경 쓰지 않아도 된단다. 이것저것 사 주는 재미도 있는데 본인들이 알아서 한다니 우리 부부가 할 일은 아들 내외 살 집 마련해 주는 일밖에 없다. 실은 그게 제일 큰일이긴 하지만 그래도 기특했다.

주례 없이 대신 아빠가 당부하고 싶은 말을 해 줬으면 좋겠다고 한다. 그러고 보니 요즈음 예식장에 가 보면 대부분 주례사 없는 결혼식이 많았다. 쑥스러워 남 앞에 서는 것을 싫어하는 남편은 내게 대신 하라고 한다. 꼭 아빠가 하란 법은 없지만 남들이 이상한 눈으로 볼 거라며 못 한다고 했다. 덕담이 길어지면 손님이 지루해하니 짧게 몇 가지만 얘기하라고 했다. 결혼할 때 들었던 주례사를 기억하는 사람이 몇이나 되겠는가. 나부터도 무슨 말을 들었는지 단 한마디도 생각나지 않는다. 누구를 주례로 세우느냐에 따라 집안의 사회적 지위를 은근히 과시했던 시절도 있었는데 결혼 문화도 많이 변했다.

그러고는 잊고 있었는데 하루는 남편이 덕담 써 놨으니 읽고 고칠 것이 있는지 보라고 한다. 특별할 것 없는 너무나 당연한 이야기지만 정성스럽게 동선과 시간까지 적어 놨다. 몇 날 며칠을 고민하며 본인이 아들과 며느리에게 당부하고 싶은 밀을 썼겠지 싶어 다른 말은 하지 않고 눈에 거슬리는 문장만 손을 봤다.

남편이 쓴 덕담은 크게 세 가지를 당부하고 있었다. 첫째 사랑하며 살아라, 둘째 서로의 건강을 챙겨 주도록 해라, 셋째 자신이 맡은 일에 최선을 다하는 성실하고 지혜로운 사람이었으면 좋겠다는 내용이었다. 끝부분은 사돈어른에게 곱게 키운 딸을 보내 주셔서 고맙고, 걱정하지 않도록 사랑으로 대하겠다는 다짐과 하객에게 고맙다는 인사말로 마무리했다.

코메디언 배삼룡씨가 후배 결혼식 주례를 보면서 "신랑 신부는 내가 무슨 말 하려는지 알지?" 신랑 대답 "예" "그럼 주례사 끝" 이라고 했고, 배우 윤여정과 이혼한 조영남 씨는 "나처럼 결혼 생활하지 않으셨으면 합니다. 이상!" 이라고 했다는 것이다. 짧지만 몇 마디 속에 말하고자 하는 뜻이 담겨 있어서 기발하다는 생각과 함께 웃기는 했지만 보통 사람은 생각지도 못할 일이다. 특히 진중한 남편에게 그런 주례사는 있을 수 없는, 아들 결혼식을 망치는 일이라 생각할 것이다.

남편이 쓴 덕담에 몇 마디 더 보태자면 내가 가장 즐겨 쓰는 "항상 역지사지하며 살아라"라고 당부하고 싶다. "자신만 생각하지 말고 상대의 처지를 한 번만 생각해 보면 서로에게 생긴 서운한 마음이 조금은 줄어 들 거다. 지금이야 좋은 것만 보이겠지만 전혀 다른 남이 만나 산다는 게 쉬운 일은 아니다. 부부 생활에서 생긴 문제는 너희가 직접 부딪히며 하나씩 답을 찾아야지 다른 누군가가 가져다주지는 않는단다. 살아보니 남들이 말하는 행복한 가정은 그냥 얻어지는 게 아니라 서로의 인내와 배려,

노력이 많이 필요하더라."라고 신혼여행에서 돌아오면 아들 부부에게 말해 주려고 한다.

아들 결혼이 한 달도 남지 않았다. 다들 바쁘겠다고 하는데 실은 하나도 그렇지 않다. 대신 신랑과 신부가 바쁠 것이다. 그래도 그게 행복이지 않을까 싶다.

"주엽아, 지수야! 결혼 축하하고 예쁘게 사랑하면서 살아라."

수확

8월 초, 한낮 더위가 불이다. 봄에 심었던 고추가 벌써 몸을 불려 주렁주렁 열렸고 가지도 제법 여러 개가 달렸다. 이파리 속에 숨은 참외는 수줍게 얼굴을 내밀고, 오이도 손가락만 하더니 벌써 몇 개째 땄다. 구덩이에 씨앗 서너 개씩 묻었던 옥수수도 수확할 때가 됐다. 여리디여린 순이 어느새 숲을 이루어 내 힘으로는 뽑을 수 없을 만큼 굵은 줄기에 열매까지 달고 있는 걸 보니 신기하다. 수염이 마른 것을 따야 한다기에 옥수수 사이를 돌아다니며 하나하나 들여다봤다. 그늘까지 만들어 기특하기만 하다.

따는 시기를 달리하려고 일주일 시차를 두고 심었는데 순서 없이 익는다. 수염이 말라붙은 것으로 스무 개를 땄다. 몇 겹이나 되는 껍질을 벗기니 꼭꼭 숨은 하얀 속살이 보인다. 아이고 어쩌나. 아직 여물지 않았다. 다른 것도 마찬가지다. 아까운 걸 다 버렸다. 익은 걸 구분하지 못했다. 간격이 빽빽했는지 열매도 작다. 그나마 큰 것은 새가 다 파먹었다. 좋은 것은 아는 모양이다. 경험이 중요하다는 말을 실감했다. 농사 참 어렵다.

여물기를 기다려 일주일 후 다시 땄다. 이번에는 수염이 바짝 마른 것만 골랐다. 무슨 놈의 벌레가 그렇게 많은지 나무마다 다닥다닥 붙었다. 그래도 바구니 가득 양이 어마어마하다. 형님, 언니, 동생, 위아래층 주고 남은 것은 삶아 냉동 보관해 먹고 싶을 때 하나씩 꺼내 먹으려 한다. 씨알 굵은 것을 수확하려면 듬성듬성 심어야겠다.

고추도 하루가 다르게 빨갛게 변한다. 시기가 넘으면 안 될 것 같아 토요일 아침 일찍 농장에 갔다. 작업복으로 갈아입고 남편과 바구니 하나씩 들고 고추밭으로 들어갔다. 지주대를 어설프게 묶었는지 주렁주렁한 무게를 견디지 못한 나무가 곳곳에 넘어지고 가지까지 부러져 뒹군다. 태풍이 훑고 간 자리 같다. 초보티가 난다. 끈으로 하나하나 다시 묶어 세웠다. 아무리 생각해도 고추와 가지는 효자 품종이다. 끊임없이 열매를 내어 준다.

뜨거운 햇빛 때문인지 머리가 지끈지끈 아프다. 온몸이 땀에 젖었다. 그래도 노란 바구니에 가득한 빨간 고추를 보니 실실 웃음이 난다. 우리가 땀 흘려 거둔 수확이자 노동의 대가다. 힘들어도 이 맛에 농사짓는가 보다.

남편은 고추를 창고로 가져가 깨끗하게 씻어 건조기 바구니에 담는다. 몇 년 전 샀던 기계를 드디어 사용하게 됐다. 그동안 마을 사람에게 빌려주기만 했는데 고추는 처음 말린다. 오늘 딴 양이 많아 건조기 양쪽을 다 차지했다. 온도를 맞추고 문을 닫았다. 잘 마르기를 바랐다.

어른 두 주먹 합친 것만큼 큰 참외도 어느새 노란색 옷을 입었다. 남에게 줄 만큼은 달지 않아 장아찌나 만들어야겠다. 울타리 하나 세우지 않고 모종만 심었던 노각은 넓은 이파리에 가려 열매가 달린 줄도 몰랐다. 어느 날 이파리를 들추니 놀랍게도 사이사이 누렇고 통통한 몸을 드러낸다. 바닥에서 뻗어가느라 힘들었겠다. 열 개도 넘게 땄다. 그나마 봄 가뭄에 말라죽을까 봐 남편이 계속 물을 준 덕분이다. 집에 가져갈 오이, 상추, 가지, 고추, 깻잎, 고구마 줄기도 먹을 만큼 땄다. 올여름 먹거리는 거의 사지 않았다. 농장에서 난 채소로 충분했다. 여름 내내 오이냉국과 고구마 줄기 반찬을 해 먹었다. 돈으로 치면 얼마 되지 않지만 내 손으로 직접 가꿔서 더 뿌듯하다. 특히 올해는 여러 작물에서 얻은 수확물이 꽤 됐다. 고추는 세 번이나 따서 말렸다. 김장도 하고 고추장까지 담고도 남을 양이다. 아직도 따야 할 고추가 주렁주렁하다. 7월 말 다시 뿌렸던 당근 씨앗도 드디어 싹을 틔웠다. 며칠 전 심은 쪽파도 파란 이파리가 쭉쭉 올라온다. 나머지는 비와 바람과 햇빛이 키울 것이다.

농사를 잘 모르는 도시 사람은 시골 생활에 환상을 갖는다. 무릉도원처럼 생각한다. 나 역시 자연과 함께하는 생활을 꿈꿨다. 그러나 어디까지나 꿈일 뿐, 현실은 그렇지 못하다. 할 일 천지다. 주변 풍경 한번 감상할 시간 없이 일만 하다 하루가 저문다. 생각했던 낭만적인 생활은 아니지만 자연이 주는 위로가 만만치 않다. 생명이 꿈틀대는 것을 보면 경이롭다.

고추밭 풀을 뽑았다. 시간 가는 줄 몰랐다. 마음의 씨앗까지 뿌리고 돌아오는 발걸음이 가볍다.

나무도 생명이다

지금 사는 아파트로 이사 온 지 올해로 15년째다. 조용하고 교통 접근성이 좋아 스스로에게 잘한 선택이라 칭찬하고 싶다. 하지만 인구도 많지 않은 소도시(순천)에 하루가 다르게 새 아파트가 생기니 자꾸 옮기고 싶은 유혹에 빠진다.

아파트 옆으로는 천(川)과 산책길이 순천만까지 연결되었고, 그 너머로 넓은 들판이 보인다. 새소리, 물소리는 물론이고 봄이면 모내기, 가을에는 누렇게 익은 벼와 허수아비가 오가는 이의 눈을 즐겁게 한다. 걸어서 순천만 정원을 마음대로 드나들고, 조금 더 가면 도심 한가운데를 흐르는 유명한 동천과 이어져 걷기에 좋다. 또 작년에 완공되어 교사 연수 장소로 많이 사용하는 순천만 생태문화교육원도 집 앞이다. 새 아파트도 좋지만 이런 곳을 떠나고 싶지 않다.

즐겨 다니는 산책 장소는 세 군데다. 아파트와 접해 있는 길은 세 바퀴 돌면 한 시간 걸린다. 또 한 곳은 동천, 다른 곳은 순천만 에코촌 유스호스텔을 지나 갈대밭까지 연결된 길인데 한 시간 20분 걸린다. 평일은 주로 집 주변을 걷는다.

산책길 양옆으로 빽빽하게 들어선 여러 종의 나무가 하늘 높은 줄 모르고 컸다. 잣나무가 가장 많고, 동백, 은목서, 금목서, 자귀, 목련, 호랑이 가시, 단풍, 배롱, 도토리, 철쭉, 소나무 등이 서로 뒤엉켜 있다. 처음 심을 때 성장과 간격을 생각하지 않고 자리만 메웠는지 키와 몸집이 커지면서 지금은 자기 영역을 넓히려고 자리 다툼한다. 햇볕을 조금이라도 더 보려고 경쟁하는지 곁가지가 없다. 우리야 그늘 터널이 생겨 좋지만, 좁은 곳에서 살아남고자 발버둥치는 모습이 안쓰럽다.

주말이면 가는 텃밭 주변에도 몇 년에 걸쳐 나무를 많이 심었다. 처음에 듬성듬성 한 화단이 초라해 보여 목련, 산딸나무, 과실나무(앵두, 보리똥, 살구, 자두, 개복숭아)를 사이사이에 심었다. 촘촘하면 안 된다고 하는데도 그때는 그 말이 들리지 않았다. 나무가 크면 다른 곳으로 옮기면 되겠거니 했는데 생각처럼 쉬운 일이 아니다. 포클레인까지 불러야 한단다. 서로 자기 몸을 키우려니 좁은 틈에서 얼마나 힘들겠는가? 주인을 잘못 만나 나무가 고생이다.

목련꽃에 반해 세 그루를 사다 심었다. 2년이 지나니 고고하게 흰 꽃을 피운다. 꽃대가 아까워 가지치기를 안 했더니 이제는 사다리를 놓고 꽃을 따야 할 만큼 훌쩍 컸다. 빈자리에 생각 없이 심었더니 목련에 가린 산철쭉이 힘들어한다. 한 그루는 죽고 나머지 한 그루는 겨우 생명만 유지한다. 그러거나 말거나 목련은 해마다 몸집을 불린다. 이제는 눈에 가시다. 가장 넓게 차지한 아로니아도 감당이 안되고 몇 년이 지나도록 열매 한 개 따지 못한 복숭아나무도 이파리만 무성한 채 자리를 넓혀간다. 좋은 종자라고 심은 대나무(오죽)는 여기서 삐죽 저기서 삐죽 새끼를 치더니 점령군이 되었다. 멋진 정원을 상상하며 심었던 야생화들은 가녀린 몸을 버티지 못하고 하나씩 보이지 않는다. 처음에 그렸던 정원과는 전혀 다른 울창한 숲이 돼 버렸다. 자연의 이치지만 주인의 무지로 벌어진 인재다.

지난 3월, 나무를 정리하려고 포클레인을 불렀다. 내가 없는 사이 남편은 아로니아, 복숭아, 개복숭아, 몇몇 과실나무와 관엽수 몇 그루를 없애고 농토를 만들었다. 대나무와 목련은 그대로 두었지만 아쉬운 대로 다른 나무가 숨 쉴 수 있는 여유 공간이 생겼다. 많이 심으면 좋은 줄 알고 무턱대고 욕심부려 좋은 나무가 생명을 잃었다. 숲이 건강하려면 나무들도 일정한 거리가 필요하단다. 작은 나무, 잡초도 살고자 발버둥치는데 그들의 소리에 귀 기울이지 않았다. 이 당연한 진리를 모르고 마음대로 했으니 원망을 들어도 싸다. 나무의 꾸지람 소리가 들린다.

작년에 달았던 해먹이 낡아, 볼 때마다 눈에 거슬려 떼고 싶었다. 단단하게 고정한 끈을 풀려니 쉽지 않다. 가위로 자르니 일부분만 떨어지고 나머지는 살이 찬 나무 사이에 깊게 박혔다. 내 힘으로 역부족이다. 남편이 어렵게 송곳으로 살 사이에 박힌 줄을 뺐다. 굵은 줄기 빙 둘러 목 조른 흔적처럼 푹 패여 흉측한 자국이 남았다. 그렇게 깊게 상처가 날 거라곤 생각지도 못했다. 나무의 아파하는 소리가 들린 듯하다. '미안하다. 앞으로는 그러지 않으마.' 맹세하고 용서를 구했다.

가을이면 집 옆 산책길엔 도토리 주우려는 사람으로 북적인다. 손주를 데려온 할머니부터 젊은 부부, 아저씨, 유모차를 끌고 온 주부까지 바람에 떨어진 반들반들한 도토리를 한 봉지씩 채운다. 도토리묵을 맛있게 먹는 가족을 상상하니 그들의 추억이 없어지면 안 될 것 같다. 살아남고자 서로 경쟁하지만 그 길을 오가는 사람들에게 행복을 주니 고맙기만 하다. 내년, 그 후년에도 도토리 줍는 사람을 보고 싶다. 부디 우리 화단 나무와 같은 운명을 맞이하지 않길 바란다.

반려견 전성시대

퇴근하고 둑길을 걸어 동천에 갔다. 들판 벼는 뜨거운 빛을 한껏 들이마시며 연노랗게 변한다. 창창하던 나뭇잎도 어느새 끝부분부터 서서히 색을 입기 시작했다. 군데군데 떨어진 은행은 벌써 짓이겨져 딱딱한 맨몸을 드러냈다. 햇살은 여전히 따갑지만 선선한 가을바람이 기분좋다. 아파트 건너편 넓은 논도 도시 개발 사업으로 포클레인 공사가 한창이더니 오늘 일은 끝난 모양이다. 여기저기 기계만 덩그러니 놓였다. 몇 년 후면 이곳도 아파트 단지가 들어서 사람으로 붐빌 것이다. 도착하니 운동하는 사람이 많다.

목적지까지 갔다 오려고 빠르게 걷기 시작했다. 조금 가니 다리 밑에 터 잡고 사는 비둘기 떼가 종종걸음으로 오고가는 사람 사이를 누빈다. 훨훨 날아 먹이 활동을 해야 할 텐데 던져 주는 음식 조각을 기다리며 쫓아다닌다. 야생과 자유를 포기한 대신 몸이 뚱뚱해져 날지 못하고 자기 집

안방처럼 돌아다닌다. 길바닥은 온통 똥과 털로 범벅이 돼 지저분했다. 비가 와도 씻기지 않는다.

반려견을 품에 안고, 또 긴 목줄에 묶어 같이 산책하러 나온 사람도 보인다. 앙증맞은 옷을 입고, 분홍색으로 염색해 양쪽으로 묶은 머리를 휘날리며 부지런히 주인을 따른다. 운동하는 동안에도 여러 마리 봤다. 요즘 들어 눈에 띄게 많아졌다. 개인 취향이라 뭐라 말할 수 없지만 과시하고 싶어 하는 것 같아 맘에 들지 않는다. 강아지도 몸에 꽉 끼는 옷을 입고 다니는 것이 편하지만은 않을 것이다. '반려'인지 '소유'인지 한번 쯤 고민해봐야 하지 않을까 싶다. 반려견 1천만 시대로 반려동물을 키우는 가구가 2022년 전국 5백만 가구를 넘었고, 관련 인구도 1,500만 명으로 전체 인구의 27%를 차지한다고 하니, 애완 대상은 다르지만 네 가구 중 한 집꼴이다. 이제는 개를 훈련하는 직업까지 생겼으니 격세지감이다.

우리 어릴 때는 애완견이나 반려견이란 말이 없었다. 그냥 "똥개"라 불렀다. 길거리 돌아다니며 똥이나 사람이 먹다 남은 음식을 먹으며 도둑 지키는 일을 했다. 동네 어른들이 가까운 냇가에서 키우던 개를 죽여 다리 난간에 걸어 놓고 털을 그슬린 후 큰 솥에 삶는 것도 자주 봤다. 너무 불쌍하고 끔찍해 고개를 돌리고 다녔다. 삼복더위에 기력 보충한다고 보신탕을 해서 먹기도 했지만 다행히 요즘은 개고기를 먹는 사람도 식당도 많이 줄고 그렇게 야만인처럼 개를 다루는 사람도 없다.

고등학생 때 자취하는 친구 집에 놀러 갔다가 문 앞에서 주인집 개에게 왼쪽 종아리를 물렸다. 친구 이름을 부르는 순간 사납게 짖으며 뛰어와 무는 바람에 놀라 뒤로 넘어졌다. 순식간에 벌어진 일이라 도망가지도 못했다. 개 이빨 자국이 그대로 박혀 피가 났다. 정신이 하나도 없어 멍하니 넋을 잃고 꽤 오래 일어서지 못했다. 주인이 뛰어와 개를 잡기는 했지만 그걸로 끝이었다. 절뚝거리며 집에 와 엄마랑 의료원 가서 주사 맞고 치료했다. 그 후로 덩치가 약간 큰 개만 보면 얼어 버린다. 달려들 것만 같아 무섭다. 품안에 들어오는 작은 강아지가 귀엽고 예쁘지만 일단 내게 다가오면 싫다. 키운다는 것은 생각조차 못 한다. 아이 한 명 키우듯 정성을 쏟아야 하는데 그럴 자신도 없다. 그리고 개털 날리는 것도 질색이다. 식구로 받아들여 지극정성 키우려면 시간이 더 필요하다.

학대받는 강아지가 많은 것도 사실이지만 아직도 개 팔자가 상팔자라 생각한다. 시누이가 키우는 강아지 생일이라며 케이크를 사 파티를 했다고 사진을 보여준다. 더군다나 개모차(유모차)에 태워 산책나갔다는 말을 듣고 어이가 없었다. 그런 물건이 있다는 것도 처음 들었거니와 '강아지에게까지'라는 생각이 들었다. 집에서 서열도 제일 먼저란다. 개 호텔, 죽으면 장례식장까지 간다니 웬만한 사람보다 백 배는 낫다.

애완(愛玩)은 인간을 즐겁게 하려고 동물을 사육한다는 뜻이다. 다시 말해 개는 인간의 기쁨과 즐거움 대상이었다. 이후 '애완'이 아닌 삶을 함께하는 동반자이자 가족으로 여긴다는 반려(伴侶)로 바뀌었다. 동물학자 콘라트 로렌츠가 "동물이 인간에게 주는 여러 혜택을 존중해 애완동물을 사람의 장난감이 아닌 인간과 더불어 살아가는 동물이라는 의미로 반려동물로 칭하자."라고 제안해 공식용어가 됐다고 한다.

반려동물 전성시대다. 주변에 강아지나 고양이를 키우는 사람이 많다. 모두 그동안 몰랐던 세상을 알게 되었고, 사람보다 낫다고 말한다. 키워 보지 않아 모르겠지만 공감은 한다. 일단 데려왔으면 끝까지 책임졌으면 좋겠다. 부디 서로의 생이 끝날 때까지 함께하기를 바란다.

전시회 관람

8월 10일 수요일, 해가 보인다. 언제 그랬냐 싶다. 전날 폭우로 서울 강남 도로가 물바다가 됐고, 반지하 집은 물에 잠겨 많은 이재민이 생겼다. 수해 복구 하라고 맑은 하루를 주었나 보다. 날씨가 병 주고 약 준다. 아침부터 서둘러 딸과 집을 나섰다.

국립 중앙 박물관에서 '이건희 컬렉션'〈어느 수집가의 초대-고 이건희 회장 기증 1주년 기념전〉이 열린다. 물난리로 이촌역이 물에 잠겨 포기했다. 다행히 순천 내려가기 전날 비가 개 뜻을 이룰 수 있었다. 지하철역에 도착하니 양수기가 눈에 띈다. 전날 급박했던 현장을 보는 듯했다. 파릇한 대숲을 지나 박물관 입구에 들어서니 사람들이 길게 줄을 섰다. 인터파크 예매는 진즉 끝나고 현장에서 당일표는 판다고 해 왔는데 그냥 돌아가는 불상사가 생길까 봐 뛰었다. 코로나19 여파로 시간 별로 100명씩 제한한다고 했다. 다행히 열두 시 입장이다. 시간이 남아 느긋하게 광장

계단으로 올라갔다. 비 온 뒤라 기분 좋을 만큼 바람이 선선하다. 멀리 남산타워가 보인다. 사진 한 장 찍고 돌의자에 앉아 오가는 사람을 구경했다. 한 시간을 기다리다 들어갔다.

이번 특별전은 고 이건희 회장 기증 1주년을 기념하려고 2만 3천여 점의 기증품 중 엄선한 355점을 소개하는 전시회다. 내가 미술 작품을 보는 눈이 있는 것도 아니고 특히 미술 애호가는 더더욱 아니다. 추상화를 볼 때마다 '저런 것은 나도 그리겠다.' 라는 얼토당토않은 생각을 했고, 솔직히 아무리 봐도 뭐가 뭔지 모른다. 그런데 꼭 보고 싶었다. 실내로 들어가 줄 서서 기다리다 차례로 들어갔다.

수집가의 집에 초대받아 수집품을 관람한다는 설정으로 1부는 '저의 집을 소개합니다', 2부는 '저의 수집품을 소개합니다'로 크게 구분하고 2부를 다시 네 개의 소주제로 나눴다. 우리나라 유물과 외국 작품으로 구분했다. 관람객의 주목을 가장 많이 받은 작품은 프랑스 인상주의 거장 클로드 모네가 만년에 그린 〈수련이 있는 연못〉(1917~1920)과 정선의 〈인왕제색도〉다. 책에서나 봤던 작품을 실제로 만나다니 신기했다. 모네는 수련을 즐겨 그렸다는데 이번에 전시된 그림은 250여 점의 시리즈 중 하나로 일반에게는 한 번도 공개한 적이 없는 작품이라고 한다. 나이 들어 그렸다고 하는데 내 눈에는 색감이 어둡고 칙칙하게만 보였다. 2021년 5월 12일

뉴욕 소더비 경매에서 모네의 1919년 작 '수련 연못(Le Bassin aux Nympheas) 이 7,040만 달러, 한화로 약 800억 원에 낙찰됐다고 한다. 낙찰 예상가인 4,000만 달러(450억 원)를 훌쩍 넘는 금액으로 이번에 전시한 작품과 주제, 크기가 같고, 화풍이 비슷하다는 점에서 더욱 눈길을 끈다고 했다. 우리 같은 일반 서민은 상상할 수 없는 금액이다. 그나마 회장님 덕분에 나 같은 사람까지 유명한 원작을 보게 돼 고마울 뿐이다.

정선의 〈인왕제색도〉는 작품을 보호하려고 한 달마다 다른 작품으로 교체한다는데 운 좋게 봤다. 인왕산 자락에서 태어난 겸재는 계절과 날씨에 따라 달라지는 산 구석구석을 자신감 있는 필치로 담아내 최고의 역작을 남겼다고 한다. 밑그림 없이 단번에 먹으로만 그렸다는데 대단한 힘이 느껴졌다. 이런 어마어마한 작품을 수집해 가지고 있었다니 놀라울 따름이다. 그 외 석상, 인물화, 채색화, 백자. 편지글, 토우 장식 그릇받침, 수묵화, 청화백자, 분청사기, 삼국시대 칼, 불상, 범종, 수월관음도 등 많은 문화재가 세월의 부침에도 꿋꿋하게 견디며 내 눈앞에 있다는 게 믿기지 않았다.

고 이건희 회장은 2004년 리움미술관 개관사에서 "문화유산을 모으고 보존하는 일은, 인류 문화의 미래를 위한 것으로서, 우리 모두의 시대적 의무라고 생각한다."라는 말을 남겼다고 한다. 하기야 이런 마음이니 천문학

적인 돈을 쓰지 재벌이라고 다들 그런 문화재를 수집하지는 않는다. 다른 나라로 갈 뻔한 소중한 우리 것을 그렇게라도 지켜줘서 고마웠다. 몇만 점이나 되는 귀한 작품도 대단하지만 어떤 이유에서건 기증한 것도 놀라웠다. 작품을 보는 혜안이 있어야 가능하지 않을까 싶다. 당대 내로라하는 작가의 작품은 거의 한 점 이상은 있는 것 같다. 단원 김홍도의 〈추성부도〉, 김환기와 박수근 작품도 여럿 있었다.

특히 이중섭 작가의 전시품이 몇 점 안돼 아쉬웠지만 원작을 봐서 행복했다. 〈현해탄〉, 〈춤추는 가족〉은 많이 알려진 대로 가족을 일본으로 떠나보내고 그리워하는 작가의 외로움이 그림 곳곳에 묻어났다. 작품을 보고 있자니 그의 비참하고 안타까운 삶이 보여 마음 저렸다. 1950년 제작이라고 밝힌〈판잣집 화실〉은 열악한 단칸방 벽에 그림이 빼곡하고 이중섭 자신을 나타낸 화가가 바닥에 누워 파이프를 손에든 채 행복해하는 모습이 담겼다. 허름한 골방도 행복한 화실이 된다는 것을 나타내지 않았나 싶다. 미술책에 자주 나온 〈황소〉의 원작을 보니 실제 소가 맑은 눈으로 쳐다보고 있는 것처럼 생생하다. 작가의 의중을 바로 알 수 있는 작품이 많아 가장 친근하게 다가왔다. 왜 이중섭을 좋아하는지 조금이나마 알 것 같다. 기증한 나머지 작품 90점과 소장품 10점을 모아 총 100여 점은 따로 국립현대미술관에서 '이중섭 특별전'으로 전시한다고 했다. 가고 싶어 검색하니 8월 22일까지 매진이다. 내년 4월 23일까지 한다니 다음 서울 방문 때 가기로 했다.

미술에 문외한이어서인지 다른 사람보다 관람 시간이 짧았다. 그나마 작품마다 상세히 설명을 해 놓아 우리 같은 사람에게는 다행이었다. 아는 만큼 보인다고 했던가, 실은 설명문을 읽어도 눈에 보인 것은 많지 않다. 어쨌든 매체로나 볼 수 있던 문화재를 실제 눈으로 봐서 특별했고 영광이다. 시대를 초월한 이 많은 실물을 한 장소에서 만날 수 있어 또 행운이다. 항간에는 전시회를 삼성가 상속세와 관련짓기도 하지만 그 어마어마한 예술품을 기증해 수많은 사람에게 볼 수 있는 기회를 준 것만으로도 훌륭하다. 지역 순회전으로 광주시립미술관에서 10월 4일부터 11월 27일까지 전시한다고 하니 많은 사람이 보는 행운을 누렸으면 한다.

오래된 우정

휴대폰이 울린다. 선배 언니다. 금요일 퇴근하고 ㅅ 언니와 같이 만나잔다. 11월 13일 아들이 인천에서 결혼한다더니 청첩장을 줄 모양이다. 작년에 큰아들이 결혼한 날이다. 제자와 같은 날이라며 좋아한다. 지난여름에 만났으니 벌써 계절이 바뀌었다. 이번에는 어떤 입담으로 우리를 웃길지 기대된다.

교대를 졸업하고 스물두 살, 첫 발령지가 여천군 화양면이다. 그때만 해도 비포장도로로 교통이 불편해 순천서 학교까지 왕복 예닐곱 번은 갈아타야 했다. 통근하는 게 너무 힘들어 1년 반 만에, 9월 1일 중간 발령으로 율촌초등학교로 옮겼다. 새벽 일찍 일어나 출근하고 저녁쯤 퇴근하며 하루가 갔다. 여유라고는 눈곱만치도 없는 생활에 지쳐 활기를 잃었는데 아침 시간이 넉넉하니 비로소 살 것 같았다. 조용한 화양면 깡촌에서 사람이 복작거리는 곳으로 오니 생기가 돌았다.

6학년 담임을 했다. 총 네 개 반으로 남자 한 명에 여자 셋이다. 서른이 넘은 노총각, 나머지는 스물넷, 스물다섯으로 다 미혼이다. 중간에 들어가 겉돌까 걱정했는데 다행히 대학 동창과, 고등학교와 대학 일 년 선배(후에 시누이가 됨)여서 마음이 놓였다. 더군다나 학교에는 순천서 다니는 처녀 선생님만 일곱 명이나 되었다. 다들 나이 차이가 많지 않아 언니 동생 하며 지냈다. 그중 4년 선배와는 같은 학년을 한 번도 하지 않았지만 시누이와 친해 나와도 가까워졌다.

아침마다 통근버스에는 율촌 부근으로 다니는 선생님들 재잘거리는 소리로 시끌벅적했다. 급식이 없을 때라 도시락 가방 하나씩 들고 출퇴근을 같이 했다. 전날 학교에서 있었던 일, 왕처럼 군림하는 교장, 교감을 성토하며 하하, 호호, 깔깔, 버스 안은 아침부터 항상 활기가 넘쳤다.

동학년 선생님과는 호흡이 잘 맞았다. 다달이 보는 시험 성적도 잘 나오고, 학년 일도 척척 해냈다. 반 평균과 등수에 민감할 때라 말은 하지 않았지만 알게 모르게 서로 경쟁도 했다. 일요일이면 도시락 싸 들고 조계산을 등반했고, 맛있는 음식을 나눠 먹기도 했다. 특히 후에 시누이가 된 선배가 자주 가져왔다. 노총각이 마음에 둔 선배에게 고백했는데 받아 주지 않았다고 했다. 여선생님 모두가 알게 됐고 우리 셋은 남자 선생님 놀려 먹느라 날마다 웃음소리가 끊이지 않았다. 그래도 화 한번 내지 않고 큰 눈을 껌벅이면서 허허 웃으며 지나갔다. 후에 율촌 농협 다니는 아가씨와 결혼했다.

미혼인 여선생님끼리는 가끔 순천서 저녁 먹고 차도 마셨다. 나이가 나이인지라 주 관심사가 결혼으로 맞선 봤던 이야기가 대부분이었다. 선배가 자기 오빠를 내게 소개해 만나고 있었지만 다른 선생님에게는 비밀로 했다. 결혼 날짜 잡고서 말했더니 다들 믿지 않는다. 언니도 어떻게 감쪽같이 자기까지 속일 수 있냐며 타박을 많이 했다. 한동안 학교가 시끄러웠다. 제일 막내인 내가 노처녀 언니들을 제치고 가장 먼저 결혼했다.

해가 바뀌어 친하게 지내던 선생님이 다른 곳으로 옮기며 헤어졌다. 시누이도 남편 따라 경기도로 가고 언니도 이웃 학교로 옮겼다. 결혼하고, 아이를 낳고 사는 게 바쁘다는 핑계로 고등학교 친구도 만나지 않았는데 유독 언니와는 계속 소식을 주고받았다. 방학이면 한 번씩 만나 다른 사람에게는 내보이지 않는 상처와 고민도 공유했다. 서른 넘어 건설회사 다니는 남자와 결혼해 주말부부로 지내며 나처럼 독박 육아를 했다. 처지가 같고 아이들이 또래라 함께 산에도 다니며 음식을 나누기도 했다. 열두 학교를 거치며 세 번이나 같이 근무했고, 큰아들 3학년 담임도 했다. 20대 꽃다운 나이에 함께한 선생님과의 인연은 조각조각 기억으로 남았는데, 언니와는 38년을 이어 왔다.

한때 애들 키우느라 하루하루 시간에 쫓기며 원 없이 잠자는 게 소원인 시절이 있었다. 만사가 귀찮아 하루빨리 힘든 날들이 지나가기만을 바랐다. 그러다 친한 친구도 다 서먹한 사이가 돼 떠났다. 좁고 깊게 사람을 사귀는 성향 때문에, 친구를 만들려고 노력하지 않은 성격 탓에 지금도 주변에 사람이 많지는 않다. 그래도 연륜은 무시 못 한다고 이제는 새로운 사람을 만나면 쉽게 말도 걸고 친해지지만 마음까지 내주는 건 여전히 쉽지 않다. 대신 나와 맞으면 더 깊고 길게 만난다. 언니와도 그렇게 오랫동안 우정을 나눴다.

아이들이 직장 때문에 다 나가고 여유가 생기니 비로소 곁에 남은 사람이 눈에 들어온다. 가끔 보는데도 어제 만난 듯해 더 소중하다. 돌이켜 보면 어떤 관계든 한순간에 이루어지지는 않는다. 오래된 우정도 마찬가지다. 노력 없이 이루어지는 것은 나이뿐.

역지사지(易地思之)

가을하늘이 청명하다. 수확의 계절이다. 작물이 더 자라지 않는 것을 보니 이제 거둘 때가 됐나 보다. 오늘은 고구마도 캐고 양파 심을 자리를 손볼 요량이다. 풀 나지 말라고 옥수수 대를 버리지 않고 뿌리도 뽑지 않은 채 덮어 두었더니 머리 굴린 게 무색하다. 당해낼 재간이 없다. 칡넝쿨까지 엉켜 힘이 더 들게 생겼다.

여름 내내 제일 신난 게 칡넝쿨이다. 어찌나 빠르게 자라는지 지난주에 보이지 않던 줄기가 작업할 땅까지 진격했다. 이파리가 이미 농장 주변 나무 대부분을 점령해 자기 세상을 만든 지 오래다. 몇 년 전만 해도 환삼덩굴이 다른 나무를 휘감아 죽이더니, 이제는 칡넝쿨에 자리를 내줬는지 세가 무시무시하다. 온 산과 심지어는 도로를 만들려고 깎아놓은 산 절개 면과 전봇대까지 차지했다.

엉킨 순을 잡아 뜯으니 쉽게 끊어지지도 않는다. 할 수 없이 호미로 내리쳤다. 한참을 실랑이하다 어린뿌리는 없앴는데 자두나무 위로 뻗은 줄기가 어느새 호랑이 콩까지 휘감았다. 줄기를 당기니 연약한 나무가 같이 딸려온다. 뱀처럼 꿈틀꿈틀 기어와 내 몸까지 감을 것 같아 징그럽다. 땅에 닿는 부분까지 뿌리를 내려 번식한다니 성장 속도 또한 엄청나다.

먹을 것이 부족했던 어린 시절 동네 점방에서 파는 칡을 사 먹기도 했다. 입가에 갈색 물까지 묻혀가며 단물이 나올 때까지 질근질근 씹어 즙만 삼키고 찌꺼기는 뱉었다. 씁쓸한 맛이 뭐가 맛있다고 더 먹으려고 기를 썼는지 기억이 새롭다. 쌀 칡은 부드럽고 달콤한 데 반해 나무 칡은 억세고 쓴맛이 많았다. 지금은 모두에게 밉상이 되어 없애야 할 식물 중 하나가 되었다. 이런 칡도 꽃만큼은 말할 수 없이 예쁘다. 7-8월 한창 더울 때 머리를 땋아 늘어뜨린 것처럼 보라색 꽃잎에 노란 무늬를 띤 칡꽃은 향기 또한 일품이다. 꽃말은 '사랑의 한숨'이라고 하는데 지은 죄 때문에 그런 이름이 생겼는지 웃긴다. 도시에서 자란 사람은 칡은 뿌리를 끓여 차로 마시든지, 갱년기 여성에게 좋다는 정도로만 알 것이다. 잎이나 꽃을 본 사람은 드물다. 실은 나도 처음 칡꽃을 봤을 때 깜짝 놀랐다. 다른 식물이 자라는 것을 방해하는 천덕꾸러기로만 생각했는데 다시 봤다.

고구마 씨알이 얼마나 들었을까 궁금하다. 자연이 하는 일이지만 땅속 세상이 빨리 알고 싶었다. 사방으로 엉킨 순을 반만 걷었다. 처음 땅을 갈 아엎을 때 거름을 많이 한 게 자꾸 걸린다. 이파리가 무성해 올여름 내 내 나물을 해서 먹었지만 실한 알이 들었기를 바라며 호미로 땅을 팠다.

아이고 그런데 웬걸. 가는 뿌리만 나온다. 달린 것도 손가락만 하고, 껍 질도 벌어지고, 색은 검고, 굼벵이가 지나간 흔적이 선명한 것까지 가지 가지다. 그조차도 호미질을 잘못해 상처투성이다. 웃음이 났다. 미물이 라 여겼던 굼벵이도 먹고 살겠다고 고구마를 불구로 만든 걸 보니 무시하 면 안 되겠다. 고구마 순이 쑥쑥 자라 볼 때마다 오졌는데 실망이다. 무 성한 줄기 아래 토실토실하고 내 주먹만 한 고른 고구마를 생각했다. 꿈 도 야무지다. 조금 캐다 그만뒀다. 잎이 그렇게 무성하더니만 양분을 다 가져갔나 보다. 겉모습에 속았다. '빈 수레가 요란하다'더니 실속이 하나 도 없다. 그래도 그동안 줄기라도 많이 뜯어서 위안이 된다. 한주만 더 있 다 캐기로 했다.

뜬금없이 '지랄 총량의 법칙'이 생각난다. '성장 총량의 법칙'으로 바꾸련다. 성장할 양은 정해졌는데 이파리가 큰 대신 씨알은 잘다는 내 나름의 해 석이다. 김두식 교수 책 〈불편해도 괜찮아〉에 나오는 말이다. 사람은 누구 나 저마다의 타고난 지랄 총량이 있게 마련이다. 대개 생애 주기상 사춘 기 때 폭발적으로 나타나니 아이가 사춘기에 지랄 좀 떤다고 너무 슬퍼하거나 낙심, 분노하지 말란다. 요즈음 비슷한 용어가 많이 생겨 지어본 말이다. 김 교수님이 들으면 배꼽 잡을 일이다.

양파 심을 자리를 만들었다. 날이 쌀쌀해졌는데도 풀은 속도만 늦출 뿐 여전히 왕성하게 자란다. 풀 뽑고 돌 골라내고 거름까지 뿌려 반듯하게 정리했다. 다음 주에 비닐로 덮고 양파 모종만 심으면 끝이다.

텃밭 농사하다 보면 생각지도 못한 자연의 이치를 깨닫는다. 밭에 사는 크고 작은 생물이 나름의 질서를 유지하며 주거니 받거니 서로의 생존을 돕는데 인간이 정한 기준에 미치지 못한다고 밉상이니 없애느니 난리다. 그들 처지에서는 인간이 침입자다. 역지사지(易地思之) 해볼 일이다. 오늘도 자연에서 배운다.

최미숙 수필집
누구나 한때는 있었는데

인쇄 2022년 11월 15일
발행 2022년 11월 18일

지은이 최미숙
발행인 서정환
펴낸곳 수필과비평사
주소 서울시 종로구 삼일대로 32길 36(익선동 30-6 운현신화타워) 305호
전화 (02) 3675-3885 (063) 275-4000 · 0484
팩스 (063) 274-3131
이메일 essay321@hanmail.net
출판등록 제300-2013-133호
인쇄·제본 신아출판사

저작권자 ⓒ 2022, 최미숙
이 책의 저작권은 저자에게 있습니다. 서면에 의한 저자의 허락없이 내용의 일부를 인용하거나 발췌하는 것을 금합니다.
COPYRIGHT ⓒ 2022, by Choi Misuk
All right reserved including the rights of reproduction in whole or in part in any form.
저자와 협의, 인지는 생략합니다.
잘못된 책은 바꿔 드립니다.

ISBN 979-11-5933-439-9 (03810)
값 13,000 원

Printed in KOREA